틈만 나면 보고 싶은
융합 과학 이야기

틈만 나면 보고 싶은 융합 과학 이야기
자동차가 좋아!

초판 1쇄 인쇄 2016년 8월 12일
초판 1쇄 발행 2016년 8월 22일

글 김유리 | **그림** 구수한 | **감수** 구본철

펴낸이 김기호 | **편집본부장** 최재혁 | **편집장** 최은주 | **책임편집** 최지연
표지 디자인 김국훈, 윤현아 | **본문 편집 · 디자인** 구름돌
사진 제공 게티이미지코리아

펴낸곳 동아출판㈜ | **주소** 서울시 영등포구 은행로 30(여의도동)
대표전화(내용 · 구입 · 교환 문의) 1644-0600 | **홈페이지** www.dongapublishing.com
신고번호 제300-1951-4호(1951. 9. 19.)

©2016 김유리 · 동아출판

ISBN 978-89-00-40288-9 74400   978-89-00-37669-2 74400 (세트)

틈만 나면 보고 싶은
융합 과학 이야기

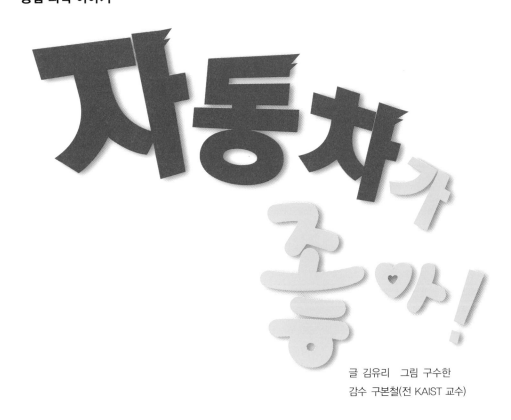

자동차가 좋아!

글 김유리　그림 구수한

감수 구본철(전 KAIST 교수)

동아출판

미래 인재는 창의 융합 인재

이 책을 읽다 보니, 내가 어렸을 때 에디슨의 발명 이야기를 읽던 기억이 납니다. 그때 나는 에디슨이 달걀을 품은 이야기를 읽으면서 병아리를 부화시킬 수 있을 것 같다는 생각도 해 보았고, 에디슨이 발명한 축음기 사진을 보면서 멋진 공연을 하는 노래 요정들을 만나는 상상을 하기도 했습니다. 그러다가 직접 시계와 라디오를 분해하다 망가뜨려서 결국은 수리를 맡긴 일도 있었습니다.

지금 와서 생각해 보면 어린 시절의 경험과 생각들은 내 미래를 꿈꾸게 해 주었고, 지금의 나로 성장하게 해 주었습니다. 그래서 나는 어린 학생들을 만나면 행복한 것을 상상하고, 미래에 대한 꿈을 갖고, 꿈을 향해 열심히 도전하고, 상상한 미래를 꼭 실천해 보라고 이야기합니다.

어린이 여러분의 꿈은 무엇인가요? 여러분이 주인공이 될 미래는 어떤 세상일까요? 미래는 과학 기술이 더욱 발전해서 지금보다 더 편리하고 신기한 것도 많아지겠지만, 우리들이 함께 해결해야 할 문제들도 많아질 것입니다. 그래서 과학을 단순히 지식으로만 이해하는 것이 아니라, 세상을 아름답고 편리하게 만들기 위해 여러 관점에서 바라보고 창의적으로 접근하는 융합적인 사고가 중요합니다. 나는 여러분이 즐겁고 풍요로운 미래 세상을 열어 주는, 훌륭한 사람이 될 것이라고 믿습니다.

　　동아출판 〈틈만 나면 보고 싶은 융합 과학 이야기〉 시리즈는 그동안 과학을 설명하던 방식과 달리, 과학을 융합적으로 바라볼 수 있도록 구성되었습니다. 각 권은 생활 속 주제를 통해 과학(S), 기술 공학(TE), 수학(M), 인문예술(A) 지식을 잘 이해하도록 도울 뿐만 아니라, 과학 원리가 우리 생활을 편리하게 해 주는 데 어떻게 활용되었는지도 잘 보여 줍니다. 나는 이 책을 읽는 어린이들이 풍부한 상상력과 창의적인 생각으로 미래 인재인 창의 융합 인재로 성장하리라는 것을 확신합니다.

전 카이스트 문화기술대학원 교수 구본철

지구 곳곳을 붕붕 달리는 자동차

자동차가 발달하지 않았을 때에 사람들은 대부분 집 근처에서만 주로 생활했어요. 그런데 자동차를 타기 시작하면서 먼 거리를 쉽게 이동할 수 있게 되었지요. 우리는 자동차를 타고 더 많은 장소를 가고, 더 많은 사람들을 만나고, 더 많은 일을 할 수 있게 되었어요. 자동차 덕분에 인간의 생활 영역이 훨씬 넓어진 거예요.

자동차는 오랫동안 사람들의 발을 대신하며 발전해 왔어요. 그리고 우리 생활에 없어서는 안 될 필수품이 되었지요. 그래서 많은 사람들이 자동차를 참 좋아해요. 꼬마 자동차 박사 찬율이도 마찬가지였어요. 나중에 멋진 자동차를 만들겠다는 꿈을 가진 찬율이는 모르는 자동차가 없었으니까요.

어느 날 찬율이는 삼촌에게서 특별한 미니 자동차들을 선물 받아요. 그런데 미니 자동차들은 단순한 장난감 자동차가 아니었어요. 자동차에 관한 것이라면 모르는 것이 없는 척척 자동차 박사들이었거든요.

미니 자동차 붕붕이, 쌩쌩이, 번쩍이, 궁금이는 미래에 자동차 박사가 꿈인 찬율이를 위해 그동안 찬율이가 미처 알지 못했던 자동차에 관한 다양한 이야기를 들려주어요.

자동차

1장 자동차의 탄생과 발달
과학) 자동차를 움직이는 힘

2장 편리하고 안전하게 달려라!
기술공학) 자동차의 구조와 발달

3장 더 빠르게 달려라!
수학) 자동차의 속력

4장 재미있는 자동차 세상
인문예술) 자동차 경주와 모터쇼

그동안 자동차 브랜드만 알고 있었던 찬율이는 미니 자동차들 덕분에 자동차에 대해 더 많이 알게 되었어요. 자동차가 단순한 교통수단이 아니라, 사람과 환경, 경제와 생활에 아주 밀접한 관련이 있다는 사실을 말이에요. 여러분도 미니 자동차들이 들려주는 이야기에 귀를 기울여 보세요. 그러면 멋진 차들도 만나 보고, 차와 우리와의 관계를 조금 더 깊이 생각하게 될 수 있을 거예요.

김유리

차례

1장 자동차의 탄생과 발달

2장 편리하고 안전하게 달려라!

3장 더 빠르게 달려라!

4장 재미있는 자동차 세상

자동차의
탄생과 발달

삼촌이 선물한 미니 자동차

"짜자잔!"

독일 여행을 다녀온 삼촌이 찬율이에게 선물을 내밀었어요.

"우아, 자동차잖아!"

선물을 열어 본 찬율이 입이 함지박만큼 커졌어요. 삼촌이 준 선물 상자 속에는 근사한 미니 자동차가 네 개나 들어 있었거든요.

"독일 자동차 박물관에 갔다가 네 생각이 나서 사 온 거야. 나중에 훌륭한 자동차 박사가 되라고 말이지."

자동차라면 자다가도 벌떡 일어나는 찬율이를 위해 삼촌이 큰맘 먹고 사 온 선물이었어요.

"삼촌 최고! 역시 삼촌밖에 없다니까요."

찬율이는 기뻐하며 상자에서 미니 자동차를 꺼냈어요. 그리고 마치 보물이라도 다루듯이 하나씩 찬찬히 살펴보았지요.

야호, 자동차다!

미니 자동차들은 모두 실제 자동차처럼 정교하게 만들어진 것들이었어요. 그런데 반짝반짝 세련된 자동차들 사이에 어쩐지 낡아 보이는 녹색 자동차 하나가 끼어 있었어요. 모양을 보아하니 오래전에 만들어진 구식 자동차 같았어요.

"어? 이런 낡은 자동차는 왜 끼어 있는 거야?"

찬율이는 이상하다는 듯 중얼거리며 미니 자동차들을 책상에 늘어놓았어요. 폼 나는 미니 자동차들을 책상에 올려놓으니 방 전체가 다 환해지는 것 같았지요.

"나중에 크면 나도 이렇게 멋진 자동차를 만들어야지."

찬율이는 미니 자동차들을 흐뭇하게 바라보며 중얼거렸어요. 그런데 찬율이의 말이 끝나자마자 웬 낯선 목소리가 들려왔어요.

"에이쿠, 자동차 보는 눈이 그렇게 없어서야. 자동차는 아무나 만드는 줄 아니?"

찬율이는 깜짝 놀라 사방을 두리번거렸어요.

"여기야, 여기! 내가 얘기하고 있다고."

소리가 나는 곳을 쳐다보니 미니 자동차들 중 가장 낡은 차가 바퀴를 이리저리 움직이고 있었어요. 그리고 부릉부릉 소리를 내더니 스르르 커지는 게 아니겠어요? 목소리의 주인공은 다름 아닌 그 구식 차였던 거예요. 장난감 자동차가 말을 하며 커지다니 찬율이는 믿을 수가 없었어요.

　"뭐, 뭐야? 장난감 자동차가 말을 하네? 너, 넌 누구야?"

　찬율이가 눈을 휘둥그레 뜨며 물었어요.

　"내 이름은 **붕붕이**고, 모델명은 '포드 모델 티'야. 자동차를 사람들에게 널리 퍼뜨린 미국의 유명한 자동차를 정말 모르는 건 아니겠지?"

　붕붕이는 바퀴를 부릉거리며 목소리를 높였어요. 찬율이는 자동차에 대해 모르는 게 없어서 '**꼬마 자동차 박사**'라는 별명을 가지고 있었어요. 하지만 붕붕이가 말한 포드 모델 티는 처음 들어 보는 말이었어요.

　"이래 봬도 난 자동차 박사라고. 람보르기니, 포르쉐, 아우디……. 세상에 나와 있는 자동차란 자동차는 내가 다 알고 있단 말이야!"

　찬율이가 발끈하며 말했어요.

　그러자 붕붕이가 웃으며 물었어요.

　"자동차 브랜드만 안다고 자동차 박사는 아니야. 자동차에 대해 정말 중요한 걸 알아야지. 꼬마야, 자동차가 어떻게 만들어졌는지는 아니?"

　"……."

　갑작스러운 질문에 찬율이는 **우물쭈물** 대답을 하지 못했어요.

　"이런, 자동차를 만들겠다며 기본도 모르고 있네!"

　찬율이는 자동차에 대해 잘 모르는 사람 취급을 받자, 자존심이 상해 얼굴이 빨개졌어요.

"그런 거 몰라도 자동차 만들 수 있어!"

"자동차가 어떻게 만들어졌는지, 자동차가 어떻게 굴러가는지를 알아야 자동차를 만들 수 있지. 안 그래?"

붕붕이의 말에 찬율이는 아무 말도 할 수 없었어요. 사실 찬율이도 붕붕이의 말이 맞다는 것을 알고 있었어요. 찬율이는 조금 기가 죽었어요.

"그, 그러는 넌 알아?"

"그럼, 알고말고. 자동차가 처음에 어떻게 만들어졌는지, 자동차는 어떻게 굴러가는지, 자동차에 관한 것이라면 난 모르는 게 없어. 네가 나에 대해 모르는 것은 괜찮하지만, 자동차를 만드는 게 꿈이라니 모르는 척할 수도 없고. 에헴, 지금부터 자동차에 관한 **놀라운** 사실들을 알려 줄 테니 내가 하는 얘기를 잘 들어 보라고!"

찬율이는 자동차에 대해 알고 싶어서 겸손하게 고개를 끄덕였어요.

자동차를 움직이는 바퀴

"먼 옛날에는 사람이 멀리 가거나 짐을 옮길 때 어떻게 했을까?"

붕붕이가 대뜸 찬율이에게 물었어요.

"그야 발로 걷거나 직접 들어서 옮겼겠지."

찬율이가 대답했어요.

"그러면 아주 멀리 가야 하거나 짐이 무거운 경우에는?"

"글쎄? 시간이 아주 오래 걸리고 무척 힘들게 짐을 옮겼겠지. 그러면서 좀 더 편리한 방법을 찾기 위해 노력하지 않았을까?"

찬율이가 이번에는 조금 머뭇거리다 대답했어요.

"맞아. 그래서 사람들은 더 쉽고 편하게 움직이기 위해서 가축을 길들여서 타거나, 가축의 등에 물건을 실어 운반하기 시작했어. 하지만 그것도 사람이 걷는 것보다 크게 나은 건 아니었지. 그래서 찾아낸 방법이 바로 바퀴를 만들어 움직이는 거였어."

"아하, 그래서 바퀴가 만들어진 거구나!"

찬율이는 바퀴가 나타난 이야기가 무척 신기했어요. 그래서 연신 고개를 끄덕이며 감탄했지요.

"바퀴가 언제 발명되었는지 정확히 알 수 없어. 지금까지 발견된 바퀴 유물 중 가장 오래된 것이 메소포타미아의 전차용 바퀴야. 무려 기원전 3500년경에 만들어졌지. 그렇다면 적어도 사람들이 그때부터 바퀴를 사용했다는 거겠지? 아무튼 바퀴의 발명으로 사람은 작은 힘으로도 무거운 짐을 쉽게 운반할 수 있게 되었어. 그리고 먼 거리를 이동하는 것도 한결 빠르고 쉬워졌지."

찬율이가 이야기에 흥미를 보이자 붕붕이는 신나서 설명을 늘어놓았어요. 하지만 찬율이는 붕붕이가 자동차 이야기를 해 주겠다고 하고, 왜 뜬금없이 바퀴 이야기를 하는지 의아했어요.

"그런데 말이야, 자동차에 관한 이야기를 해 준다면서 웬 바퀴 이야기야?"

찬율이가 물었어요.

"**뭘** 모르시는 **말씀.** 바퀴가 자동차 발달에 있어 얼마나 중요하다고. 생각해 봐. 바퀴가 굴러야 자동차가 움직이잖아. 바퀴가 없었다면 자동차가 만들어지기나 했겠어? 자동차의 발전은 결국 바퀴의 발전과 밀접한 거야. 그러니까 바퀴에 대해 알아야 자동차를 훨씬 잘 이해할 수 있다고."

찬율이는 그제야 붕붕이가 왜 바퀴 이야기를 하는지 이해가 되었어요. 그래서 잠자코 붕붕이의 설명에 귀를 기울였어요.

붕붕이는 바퀴를 발명한 이후부터

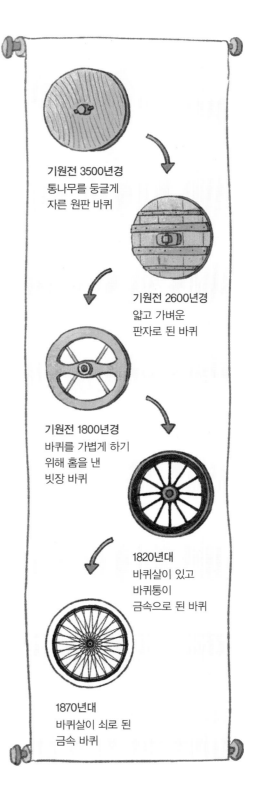

기원전 3500년경
통나무를 둥글게
자른 원판 바퀴

기원전 2600년경
얇고 가벼운
판자로 된 바퀴

기원전 1800년경
바퀴를 가볍게 하기
위해 홈을 낸
빗장 바퀴

1820년대
바퀴살이 있고
바퀴통이
금속으로 된 바퀴

1870년대
바퀴살이 쇠로 된
금속 바퀴

는 사람들이 수레를 이용하기 시작했다고 했어요. 처음에는 사람들이 직접 수레를 끌었다가 나중에는 소나 말, 당나귀 등 가축을 이용하게 되었대요. 찬율이도 가축이 끄는 수레를 책에서 본 적이 있었어요.

"그런데 얼마 지나지 않아 사람들은 소나 말이 끄는 수레보다 조금 더 편리한 것이 없을까 생각했어. 가축은 먹이도 챙겨 줘야 하지, 지치면 쉬었다 가야 하지, 끊임없이 돌봐 주어야 했거든. 그래서 가축보다 힘이 더 세고, 언제라도 타고 싶을 때 탈 수 있는 편리한 것을 생각하기 시작한 거야. 그래서 생각해 낸 것이 바로 '스스로 움직이는 탈것'이었지."

붕붕이가 차근차근 설명했어요.

"스스로 움직이는 탈것? 자동차 말이지?"

"응. '스스로 움직이는 탈것'을 찾기 위한 노력은 오랜 세월 동안 계속되었어. 예를 들면, 레오나르도 다빈치는 1482년에 태엽을 이용해 스스로 달리는 자동차를 구상해서 설계도를 그렸지."

"에이, 거짓말! 다빈치는 〈모나리자〉를 그린 유명한 화가잖아. 화가가 어떻게 자동차를 설계해?"

우아~

레오나르도 다빈치의
태엽 자동차 설계도

레오나르도 다빈치의 설계도를 보고 만든
태엽 자동차

　그러자 붕붕이가 벽을 향해 전조등을 *환하게* 비추었어요.

　"잘 봐. 다빈치가 만든 태엽 자동차 설계도와 설계도를 보고 만든 태엽 자동차야. 다빈치는 화가이자 과학자였어."

　신기하게도 벽에 텔레비전 화면처럼 태엽 자동차 설계도와 설계도를 보고 만든 태엽 자동차가 펼쳐졌어요.

　"우아, 저게 다빈치가 그린 자동차 설계도라고?"

　찬율이는 설계도를 보고 놀라서 입을 다물지 못했어요. 다빈치가 그린 설계도 속 태엽 자동차는 수레와 비슷한 모양이었어요. 그래도 그 옛날에 자동차의 설계도를 그렸다니 정말 **대단해** 보였어요.

　"이것 말고도 네덜란드 과학자 시몬 스테빈은 1599년에 바람을 이용해 스스로 달리는 풍력 자동차를 만들기도 했어. 이 풍력 자동차에 무려 28명을 싣고 달렸다는 기록도 있어. 그런데 풍력 자동차는 바람이 불지 않으면

우아, 풍력 자동차는 꼭 바퀴 달린 배처럼 생겼구나!

오~

꼼짝도 하지 않는다는 문제가 있었지. 속도도 형편없는 자동차였고. 하지만 정말 기발하지?"

붕붕이는 풍력 자동차 그림도 보여 주었어요.

"우아, 옛날에 풍력 자동차가 있었다니 상상도 하지 못했어. 바람으로 달리는 자동차라니 정말 재미있다!"

찬율이는 지금의 자동차가 만들어지기 전에 다양한 형태의 차들이 만들어졌다는 사실이 놀랍고 **흥미로웠어요.** 자동차가 더 멋지고 대단하게 느껴졌지요.

붕붕이는 많은 사람들이 '스스로 움직이는 탈것'을 만들려고 시도했지만 번번이 실패로 끝났다고 했어요. 그래서 마차와 같이 가축이 끄는 탈것을 타는 시대가 꽤 **오랫동안** 계속되었대요. 자동차가 탄생하기까지는 굉장히 긴 시간이 필요했던 것이지요.

바퀴 달린 탈것들

자동차가 나오기 전까지 바퀴 달린 탈것은 아주 다양하게 쓰였어.

농작물을 실어 나르던 짐수레도 있었고,

전쟁터를 힘차게 누비던 전차도 있었지.

먼 곳으로 편지나 짐을 실어 나르던 우편 마차도 있었고,

왕이나 귀족들이 타던 화려한 마차도 있었어.

또 승객을 태워 목적지까지 데려다주던 역마차도 있었단다.

연기 나는 증기 자동차

붕붕이는 1769년에 마침내 '스스로 움직이는 탈것'이 만들어졌다고 했어요. 그것은 증기의 힘으로 바퀴를 움직이는 증기 자동차였어요. 붕붕이는 최초의 증기 자동차가 어떻게 만들어졌는지, 그때 어떤 일이 있었는지 찬율이에게 **자세히** 들려주었어요.

"최초의 증기 자동차를 만든 니콜라 퀴뇨는 프랑스의 육군 장교였어. 퀴뇨는 부하들이 무거운 대포를 **끙끙거리며** 들고 다니는 것을 보면서 '어떻게 하면 무거운 대포를 쉽게 옮길 수 있을까?' 하고 고민했지. 그러다 제임스 와트가 발명한 증기 기관을 보고 그 원리를 이용해서 스스로 굴러가는 운반차를 만들어야겠다고 생각한 거야. 그래서 퀴뇨는 연구 끝에 마침내 1769년에 증기 자동차를 만들어 냈어."

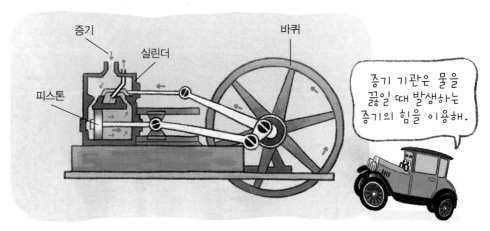

증기 기관의 작동 원리
물을 끓여서 생긴 수증기가 실린더로 들어가서 피스톤을 밀어 낸다. 피스톤에 연결된 막대가 움직이며 바퀴를 회전시킨다. 회전하는 힘에 의해 피스톤에 연결된 막대가 다시 말려 들어간다. 이 과정이 반복되며 바퀴를 계속 회전시킨다.

퀴뇨가 만든 증기 자동차
퀴뇨의 증기 자동차는 바퀴가 3개이고, 앞바퀴를 움직여서 굴러가는 자동차였다.

"증기 기관으로 굴러가는 증기 자동차라고? 증기 기관이 뭔데?"

이야기를 듣다가 궁금해진 찬율이가 물었어요.

"증기 기관은 물을 끓여서 생긴 수증기를 응축했다가 팽창시키는 현상을 이용해 에너지를 만들어 내는 장치야. 증기 자동차는 그 에너지로 바퀴를 굴리는 자동차인 거지. 그런데 이 증기 자동차는 우리가 흔히 생각하는 자동차와는 전혀 다른 모습이었어. 일반적으로 자동차라고 하면 바퀴가 네 개 달린 차가 떠오르지? 그런데 증기 자동차는 나무로 만든 차대에 앞바퀴가 한 개, 뒷바퀴가 두 개 달린 세 바퀴 차였어. 그리고 앞바퀴 쪽에 증기 기관과 물을 끓이는 커다란 솥단지 같은 게 얹어져 있었지."

'커다란 솥단지가 있는, 바퀴가 세 개뿐인 자동차라고?'

찬율이의 머릿속에 호박 마차 같은 **괴상한** 모습의 자동차가 떠올랐어요. 아주 이상한 모습의 자동차였을 것 같았어요.

"지금까지 내가 봤던 자동차들과는 정말 다르네."

붕붕이는 증기 자동차에 대한 설명을 이어 갔어요.

"퀴뇨는 증기 자동차가 완성되자 당장에 파리 시내로 나가 차를 움직여 보았어. 퀴뇨의 증기 자동차는 검은 연기를 **뿜뿜** 내뿜으며 파리 시내를 달렸지. 사실 달렸다기보다는 느린 속도로 조금씩 움직였다는 게 맞는 표현이었을 거야. 퀴뇨의 증기 자동차 속도는 시속 4km 정도로, 사람이 걷는 속도에 불과했거든."

"그렇게 느렸다고? 그럼 자동차를 탈 필요가 없지."

"그치, 게다가 이 증기 자동차는 15분 정도를 달리고 나면 물을 다 쓰게 되어서 물을 새로 보충해 주어야 하는 아주 불편한 자동차였어. 하지만 증기 자동차가 움직이는 모습을 본 사람들은 굉장히 놀라워했대. 지금은 시시해 보일지 모르지만 당시의 사람들에게는 스스로 움직이는 차가 신기해 보였던 거지."

"커다란 솥단지가 혼자 굴러가는 것을 보면 나라도 놀랄 것 같아."

"그렇지, 진짜 **기괴한** 모습이었을 거야."

찬율이의 말에 붕붕이가 웃으며 맞장구를 쳤어요.

"하지만 증기 자동차는 오래 달리지 못했어. 길모퉁이에서 방향을 틀지 못하고 건물 벽을 들이박고 말았거든. 증기 자동차는 앞바퀴에 무거운 솥단지가 있어서 방향 틀기가 아주 어려웠던 거야."

"그래서? 그럼 그 증기 자동차는 어떻게 됐어?"

찬율이는 다음 이야기가 궁금해 붕붕이를 재촉했어요.

"물이 펄펄 끓던 증기 자동차는 **펑** 소리를 내며 터졌고 그 소리에 깜짝 놀란 사람들은 놀라 허둥지둥 도망쳤다고 해. 증기 자동차가 쓰러진 곳은 순식간에 아수라장이 됐지. 그래서 안타깝게도 퀴뇨의 증기 자동차는

더 이상 파리 시내를 달릴 수 없었어. 사고에 대해 전해 들은 정부가 퀴뇨의 증기 자동차를 '사람을 해치는 무서운 기계'라고 생각해서 더 이상 사용하지 못하게 했거든."

찬율이는 최초의 증기 자동차가 하루 만에 못 쓰게 된 것이 아쉬웠어요.

"그래도 스스로 움직이는 **최초의** 자동차였는데 정말 안타깝다."

찬율이의 말에 붕붕이가 빙그레 웃으며 말했어요.

"실망할 것 없어. 퀴뇨의 증기 자동차는 비록 실패로 끝났지만 이를 본 많은 사람들에게 자동차를 만들어야겠다는 생각을 하게 해 주었거든. 사람들은 안전하고 **빠른** 증기 자동차를 만들려고 연구했단다. 그 결과 1803년에 영국의 기술자 리처드 트레비식이 퀴뇨의 증기 자동차보다 더 편리한 증기 자동차를 완성해서 영국 시내를 달리는 데 성공했어. 시속 13km로 퀴뇨의 증기 자동차보다 3배나 빠른 속력이었지. 그 뒤로 길 위를 달리는 증기 자동차가 많아졌어."

가솔린 자동차의 등장

붕붕이는 1800년대 중반에 영국 대도시에서는 증기 자동차가 달리는 것이 흔한 풍경이었다고 말했어요. 본격적인 자동차의 시대가 열린 것이지요. 붕붕이의 이야기는 옛날이야기처럼 **흥미진진했어요.** 찬율이는 붕붕이의 이야기에 점점 빠져들었어요.

"그런데 증기 자동차는 불편한 점이 한두 가지가 아니었어. 우선 증기 기관이 너무 크고 무거워서 작은 자동차에는 매달 수 없었어. 그래서 증기 기관은 주로 커다란 차에서 사용할 수밖에 없었지. 게다가 증기 기관을 싣고 있기 때문에 너무 무거워서 차가 지나가고 나면 도로가 움푹 패기 일쑤였어. 또 석탄을 태워 물을 끓이느라 증기 자동차가 내뿜는 검은 연기가 도로를 온통 뒤덮어 버리기도 했어."

찬율이는 증기 자동차 때문에 까만 연기로 뒤덮인 옛날 영국의 거리를 상상해 보았어요. 연기 때문에 입을 가리고 **콜록거리며** 걷는 사람들의 모습이 머릿속에 그려졌어요.

증기 자동차는 정말 무거워.

그래서 오르막길을 오를 땐 이렇게 내려서 끙끙 밀어야 해.

르누아르가 발명한 내연 기관

"사람들이 정말 불편했겠다. 앞도 잘 안 보이고 연기 때문에 숨쉬기도 불편했을 거 아니야."

"당시 사람들의 불평은 하늘을 찌를 듯했어. 잠깐만 외출하고 돌아와도 자동차 연기 때문에 코밑이 **새까매져** 있었거든."

"그렇게 불편한데 사람들이 자동차를 싫어하지 않았을까?"

찬율이는 퀴뇨의 증기 자동차처럼 사람들이 자동차를 또 없애 버리지 않았을까 걱정하며 물었어요.

"맞아. 자동차가 지나가면 사람들이 손가락질을 하며 욕을 해 대기 일쑤였대. 거리에 매연이 심해지면서 자동차는 **골칫덩이**가 된 거야. 그런데 다행히 1860년 프랑스의 에티엔 르누아르가 내연 기관을 발명하면서부터는 자동차가 천덕꾸러기 신세를 벗을 수 있었지."

"내연 기관? 그게 뭐야? 연기를 없애는 장치를 만든 거야?"

붕붕이는 내연 기관은 증기 기관과는 다른 방식으로 에너지를 만드는 장치라고 말했어요. 증기 기관이 석탄으로 물을 끓여서 생긴 뜨거운 수증기를 팽창시켜 에너지를 만들어 냈다면, 내연 기관은 연료인 가솔린을 태워서 생긴 열로 공기를 팽창시켜 에너지를 만들어 내는 것이었어요. 증기 기관은 물을 끓이는 장치가 따로 필요했지만 내연 기관은 물을 끓이는 장치가 필요 없어서 크기가 **훨씬** 작아졌다고 붕붕이가 말했어요.

"내연 기관이 발명되자 독일의 카를 벤츠는 내연 기관의 원리를 이용한

벤츠라면 나도 알아!

그래, 유명한 자동차 회사인 메르세데스 벤츠의 창립자 카를 벤츠가 만든 자동차야.

카를 벤츠의 특허 차

자동차를 만들어야겠다고 결심한 거야. 그리고 마침내 벤츠는 가솔린 자동차를 만드는 데 성공하고, 1886년 1월 29일 특허를 등록했지."

"드디어 솥단지 없는 자동차가 등장한 거구나!"

흥미진진한 이야기에 찬율이는 귀를 쫑긋 세웠어요.

"응, 새로운 자동차는 가솔린 자동차라고 불렸어. 내연 기관을 움직이려면 가솔린을 넣어야 해서 가솔린 자동차라고 한 거야. 이 차는 벤츠의 특허 차라고도 불렸지. 그런데 이 차의 속력은 사람이 뛰는 것보다 느려서 한 시간에 15km밖에 달리지 못했어."

"사람보다 느린데 그게 자동차야?"

찬율이는 새로 등장한 차가 그렇게 느렸다는 사실이 좀 실망스러웠어요.

그러자 붕붕이가 떨쩍 뛰며 말했어요.

"어허, 무슨 소리! 벤츠의 가솔린 자동차는 자동차 발전 역사에서 아주 중요한 의미를 가진 차라고! 지금 우리가 타고 다니는 자동차의 기본 구조를 제대로 갖춘 최초의 자동차였단 말이야."

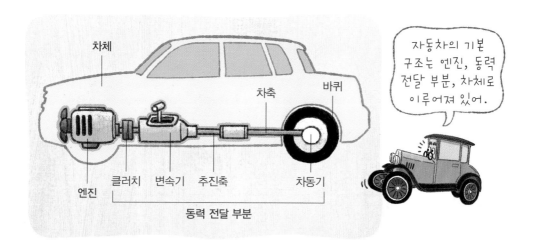

차체

차축

바퀴

자동차의 기본 구조는 엔진, 동력 전달 부분, 차체로 이루어져 있어.

엔진

클러치 변속기 추진축

차동기

동력 전달 부분

"자동차의 기본 구조라고? 그게 뭐야?"

찬율이는 무슨 소리인지 몰라 물었어요.

"우리가 일반적으로 말하는 자동차의 구성은 차의 동력을 만드는 가솔린 엔진과 엔진에서 만든 힘을 바퀴로 전달하는 동력 전달 부분, 그리고 이 모든 것을 떠받치고 있는 차의 몸체인 차체를 말해. 벤츠의 가솔린 자동차 는 이 세 가지를 모두 갖추고, 가솔린 엔진을 사용한 최초의 자동차였어. 이 차에 사용된 기본 구조는 지금까지도 여전히 자동차의 기본 구조로 사 용되고 있는 거라고."

붕붕이의 설명을 듣고 나니, 찬율이는 그제야 벤츠의 가솔린 자동차가 **특별해** 보였어요. 1886년에 만들어진 차라면 100년도 전에 만들어진 차인데, 아직까지도 그때 만든 기본 구조를 그대로 따라 쓰고 있다니 대단 한 일인 것 같았어요.

"가솔린 기관의 발명으로 자동차 연구는 더욱 **활발해졌고** 새로운 자동차들이 잇달아 탄생했어. 그런데 당시에 자동차를 만드는 것은 모두 기술자들의 손으로 이루어졌기 때문에 자동차 한 대를 만드는 데 시간이 무척 오래 걸렸어. 그러다 보니 자연히 자동차값은 **어마어마하게** 비쌌지."

"그럼 그때는 돈 많은 사람들만 자동차를 타고 다녔겠네?"

"응. 그래서 귀족이나 부유한 사람들이 아니면 감히 자동차를 탈 엄두도 낼 수 없었어. 그런데 미국의 헨리 포드라는 사람 덕분에 자동차를 더 빨리, 더 많이 만들 수 있게 되었지."

"어떻게? 어떻게 해서 더 빨리, 더 많이 만든 건데?"

찬율이가 궁금해서 재촉하듯 물었어요.

"포드가 한꺼번에 많은 자동차를 만들 수 있는 자동화 시스템을 도입했기 때문이야. 그때부터 자동차는 마치 공장에서 통조림을 척척 만들어 내듯 빠르게 만들어졌어."

"포드란 사람이 정말 대단한 일을 한 거구나! 그런데 어디서 들어 본 이름 같은데……. 아, 맞다! 네 모델명이 포드 모델 티라고 하지 않았어?"

찬율이는 포드에 대해 감탄하다가 포드와 붕붕이의 모델명이 비슷한 것 같아서 물었어요. 그러자 붕붕이가 잔뜩 **으스대며** 대답했어요.

"맞아. 그때 만들어진 자동차가 바로 나라고. 포드가 공장에 자동화 시스템을 도입하면서 자동차 가격이 내렸고, 그때부터 많은 사람들이 쉽게 자동차를 사고 이용할 수 있게 된 거야. 자, 이제 내가 얼마나 위대한 자동차인지 알겠어?"

"응."

찬율이는 고개를 크게 끄덕였어요.

자동차왕 헨리 포드

미국의 '자동차왕'으로 불리는 헨리 포드는 1863년 미국에서 농부의 아들로 태어났다. 어린 시절부터 기계를 분해하거나 조립하는 일에 관심이 많았던 포드는 에디슨 회사에서 일을 하며 기술 능력을 인정받았다.

헨리 포드

자신감을 얻은 포드는 회사를 나온 다음 1903년에 포드 자동차 회사를 설립하고, 1908년부터 자동차 생산에 들어갔다. 포드는 자동차 제작을 시작하며 누구나 살 수 있게 저렴하면서 성능 좋은 자동차를 만들겠다고 선언했는데, 처음에 경쟁 회사들은 "망하려고 작정을 했군!" 하며 포드의 생각을 비웃었다.

하지만 포드는 공장에 컨베이어 벨트를 활용한 대량 생산 시스템을 도입하여 빠른 시간에 저렴한 비용으로 자동차를 만들 수 있게 하였다. 그렇게 만들어진 자동차 '포드 모델 티'는 자동차의 대중화에 커다란 기여를 했다.

포드의 자동차 공장

끊임없이 발전하는 자동차

붕붕이는 한참 동안이나 자신이 얼마나 위대한 자동차인지, 자동차가 사람들의 생활을 얼마나 편리하게 바꾸었는지 자랑을 늘어놓았어요. 그러다가 갑자기 시무룩해져서 말했어요.

"하지만 자동차가 사람들의 생활을 편리하게만 한 건 아니야. 불편하게 만들기도 했어."

"무슨 소리야, 자동차 덕분에 우리 생활이 얼마나 편리해졌는데! 네 말대로 자동차가 있어서 먼 곳도 편리하게 다닐 수 있고, 다른 지역의 물건도 쉽게 얻을 수 있잖아."

찬율이에게 자동차는 멋지고 대단했기 때문에 붕붕이의 말이 틀리다고 생각했어요. 하지만 붕붕이의 표정은 여전히 시무룩했어요.

"사람들이 자동차를 많이 타면서부터 자동차는 환경 오염의 주범이 되었어. 자동차에서 나오는 배기가스가 사람들의 건강을 위협하고 대기를 오염시키니까 말이야."

붕붕이는 한숨 섞인 목소리로 배기가스가 자동차를 움직이는 연료인 가솔린 때문에 발생한다고 말했어요. 가솔린을 태우면 일산화탄소(CO), 탄화수소(HC), 이산화탄소(CO_2), 질소산화물(NO_x) 등이 생기는데, 그중에서 이산화탄소가 지구 온난화의 주원인이라고 했어요. 이산화탄소가 증가하면 할수록 지구의 기온이 점점 올라간다고 말이에요.

찬율이도 학교에서 자동차 대기 오염에 대해 배운 적이 있었어요. 그때 누군가가 대기 오염을 없애기 위해서 자동차를 타지 말자는 의견을 내놓았

이산화탄소 같은 온실가스가 많아져서 태양열이 대기권 밖으로 나가지 못하는구나.

온실가스

어요. 하지만 찬율이는 자동차가 없는 세상은 상상하기도 싫었어요.

"그렇다고 자동차를 타지 않을 수는 없잖아. 자동차가 없으면 얼마나 불편하겠어?"

찬율이가 그때 일을 떠올리며 말했어요.

"맞아, 그렇다고 자동차를 타지 않을 수는 없지. 그래서 자동차 연구가들이 이전과는 아주 다른 새로운 자동차를 개발하기 시작했어."

"그게 뭔데? 어떤 자동차야?"

찬율이가 놀라서 물었어요.

"이산화탄소 배출을 줄이고 연료를 적게 사용하거나 가솔린 대신 다른 연료를 쓰는 친환경 자동차야."

"우아, 친환경 자동차라니 진짜 좋은 생각이다! 대기 오염도 없고 자동차도 계속 탈 수 있고 얼마나 좋아?"

붕붕이의 말에 찬율이는 뛸 듯이 기뻤어요. 대기 오염 걱정 없이 자동차를 오래오래 탈 수 있는 방법이 있다니 정말 다행이었어요.

"친환경 자동차에는 하이브리드 자동차, 전기 자동차, 수소 연료 자동차가 있어. 하이브리드 자동차는 엔진과 전기 모터를 함께 쓰는 차야. 엔진과 모터 두 가지를 함께 이용하기 때문에 일반 자동차보다 연료를 적게 쓸 수 있지. 연료 사용이 적으니까 **당연히** 자동차에서 나오는 배기가스도 줄일 수 있어."

"가솔린 연료를 아예 안 쓰는 자동차는 없는 거야? 석유에서 얻는 가솔린 때문에 배기가스가 생기는 거라면, 배기가스가 발생하지 않는 연료를 쓰면 좋을 텐데."

붕붕이의 설명이 끝나자 찬율이가 아쉬운 듯 물었어요.

"그래서 다른 연료로 자동차를 움직이는 대체 연료 자동차도 만들었어. 전기 자동차가 바로 대체 연료 자동차야. 전기 자동차는 가솔린 연료 대신에 전기 배터리로 움직이는 자동차지. 또 수소를 연료로 움직이는 수소 연료 자동차도 있어. 수소 연료 자동차는 수소가 공기 중의 산소와 결합할 때 생기는 전기로 움직이는 자동차야. 전기 자동차도 수소 연료 자동차도 배기가스가 전혀 나오지 않는 완전 무공해차야."

"우아, 무공해차가 있었다니 **굉장하다!**"

찬율이는 붕붕이의 설명에 감탄했어요.

전기로 운행하는 버스

하이브리드 자동차

사탕수수, 옥수수, 밀   포도당 추출   발효시켜   휘발유와 혼합
바이오 에탄올 생산

해바라기, 유채꽃   바이오 디젤 추출   경유와 혼합

"그것 말고도 압축한 천연가스를 연료로 움직이는 압축 천연가스(CNG) 자동차도 있어. 압축 천연가스 자동차도 배기가스가 거의 나오지 않아. 그리고 옥수수나 사탕수수 등 식물에서 뽑아낸 바이오 에탄올, 해바라기나 유채 꽃 등에서 뽑아낸 바이오 디젤 등을 연료로 사용하는 차도 개발하고 있지."

"우아, 정말? 그런데 왜 사람들은 그런 차를 타지 않는 거야?"

찬율이가 놀라워하며 묻자 붕붕이가 대답했어요.

"이런 자동차들은 아직은 만들기가 복잡하고 돈이 많이 들어. 그래서 더 쉽고 편리하게 이용할 수 있게 계속 개발 중이야."

붕붕이는 오늘날 자동차 연구가들의 가장 중요한 과제 중 하나가 환경 오염을 줄이는 자동차를 만드는 것이라고 말했어요. 그래서 지금도 환경 오염을 일으키지 않는 자동차를 만들기 위해 끊임없이 노력하고 있다고 했어요. 붕붕이의 설명을 들은 찬율이에게 새로운 목표가 생겼어요.

'나도 나중에 환경 오염을 일으키지 않는 새로운 자동차를 만들 테야!'

Q | 바퀴는 어떻게 만들어졌을까?

A | 바퀴가 처음에 어떻게 만들어졌는지에 대한 의견은 여러 가지가 있다. 여러 문명에서 바퀴와 비슷한 형태를 여러 용도로 사용하였기 때문이다. 일반적인 의견은 '굴림대'와 '썰매'가 결합해서 바퀴가 만들어졌다는 것이다. 굴림대는 무거운 짐을 옮길 때 그 밑에 넣고 굴리는 통나무를 말한다. 처음에는 굴림대 위에 무거운 물건을 올려놓고 밀어서 옮겼는데 굴림대가 무거워 불편했다. 이것을 좀 더 편리하게 이용하려고 연구하다가 막대 같은 굴대의 양쪽 끝에 나무 원판을 붙이자는 생각을 하게 되었다. 이렇게 해서 바퀴가 만들어졌다는 것이다.

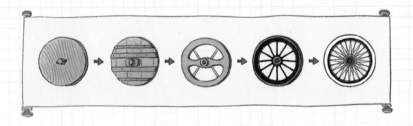

Q | 제임스 와트는 어떻게 증기 기관을 만들었을까?

A | 제임스 와트는 1736년에 태어나 1819년에 생을 마감한 스코틀랜드의 기계 기술자이자 발명가이다. 그는 아버지가 배를 만드는 작업장에서 자신의 공구와 작업대를 가지고 여러 가지 모형을 만들며 어린 시절을 보냈다. 1764년에 와트는 뉴커먼이 만든 증기 기관의 모형을 수리하다

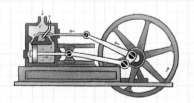

가 그것이 매우 비효율적이라 많은 증기가 낭비되고 있다는 사실을 알게 되었다.

이후 효율이 좋은 증기 기관을 만들기 위해 연구한 결과, 1769년에는 증기 기관에 대해 특허를 받게 되었다.

Q 포드는 어떻게 자동화 시스템을 만들었을까?

 A 자동차 회사 사장이었던 포드는 소나 돼지를 잡는 도축장에서 모노레일을 이용하여 고깃덩어리를 다음 작업자에게 이동시키는 광경을 보았다. 포드는 그것을 그대로 자동차 공장에 도입해서 저절로 움직이는 컨베이어 벨트를 이용해 자동차 조립 속도를 높였다. 그 결과 자동차 한 대를 조립하는 데 걸리는 시간이 5시간 50분 정도에서 1시간 33분 정도로 단축되었다. 이 자동화 시스템으로 자동차 대량 생산이 가능하게 되었다.

6학년 1학기 과학 2. 생물과 환경

 Q 지구 온난화는 얼마나 심각할까?

 A 1900년대 이후 북극의 온도는 3도 이상 증가했고 북극을 덮고 있는 눈의 두께도 줄어들었다. 높은 기온으로 빙하가 녹아 해수면이 빠른 속도로 높아져 인도양의 몰디브와 같은 국가는 점점 가라앉고 있다. 가뭄도 심해져서 아프리카에서는 물의 양이 감소하고 급속하게 사막화가 이루어지고 있다. 지구 온난화로 인해 날씨도 제멋대로 변해서 최근에는 집

중 호우와 폭우에 의한 홍수가 크게 증가했다. 과학자들은 지구 온난화가 북극의 생태계를 파괴할 뿐만 아니라 수십 년 안에 사람들에게도 큰 재앙을 불러올 것이라고 경고하고 있다.

2장

편리하고 안전하게 달려라!

원하는 곳으로 정확하게

붕붕이와 찬율이가 한참 이야기를 나누고 있는데, 붕붕이 옆에 있던 차가 바퀴를 데굴데굴 굴리며 스르르 커지기 시작했어요. 그 차는 바로 비엠더블유 파이브(BMW5)였어요.

"부릉부릉, 나도 말 좀 하자!"

찬율이는 어찌나 깜짝 놀랐는지 뒤로 넘어질 뻔했어요. 찬율이는 얼떨떨한 얼굴로 비엠더블유 파이브를 쳐다보았어요.

"휴, 입이 근질거려 혼났네. 내 이름은 쌩쌩이야. 난 독일의 자동차 회사 비엠더블유에서 만든 모델인 비엠더블유 파이브지. 강한 엔진, 쭉 뻗은 라인! 1990년대를 대표하는 자동차 중 하나야. 한눈에 보기에도 낡고 바랜 붕붕이와는 차원이 다르지?"

쌩쌩이는 엉덩이를 들썩이며 수다스럽게 말했어요.

쌩쌩이의 말에 찬율이는 저도 모르게 고개를 끄덕였어요. 쌩쌩이의 말대

로 붕붕이와는 비교할 수 없을 만큼 멋져 보였으니까요.

그러자 붕붕이가 **발끈하며** 소리쳤어요.

"뭐라고?"

"하하, 사실은 사실이잖아. 만들어진 지 100년도 더 된 너와 1990년대에 만들어진 내가 비교가 되겠어? 자동차가 처음 만들어진 후로 오늘날까지 자동차가 얼마나 발전에 발전을 거듭해 왔는데. 찬율아, 이제 내 이야기를 잘 들어 봐. 지금부터 내가 자동차가 얼마나 편리하고 안전하게 발전해 왔는지 알려 줄게."

쌩쌩이는 자신만만한 목소리로 말했어요.

"응!"

찬율이는 자동차들과 이야기를 나누는 것이 꿈만 같았어요. 게다가 찬율이가 좋아하는 자동차에 관한 이야기를 실컷 들을 수 있다니 그저 신나기만 했지요.

"자동차의 가장 기본적인 기능은 운전자가 가고 싶은 곳으로 갈 수 있게 해 주는 거야. 아무리 좋은 자동차라도 내가 가고 싶은 곳으로 갈 수 없다면 아무 쓸모 없을 테니까 말이야. 그럼 자동차에서 무엇이 운전자가 원하는 곳까지 정확하게 가도록 해 주는 걸까?"

쌩쌩이가 대뜸 찬율이에게 물었어요.

"음…… 바퀴? 엔진?"

찬율이는 **골똘히** 생각하며 떠오르는 대로 대답했어요.

"물론 그것들도 다 중요하지. 하지만 가장 중요한 역할을 하는 건 운전대가 아닐까?"

"아, 그렇겠다! 운전대를 잘 조종하며 운전을 해야 목적지까지 찾아갈 수 있을 테니까 말이야."

쌩쌩이 말에 찬율이가 고개를 끄덕이며 **맞장구**를 쳤어요.

"그럼 자동차 운전대는 어떻게 생겼지?"

쌩쌩이가 자기 운전대를 **휙휙** 돌리며 물었어요.

"너무 쉬운 질문 아니야? 운전대야 둥근 모양이지."

찬율이가 대답했어요.

"맞아, 지금의 자동차 운전대는 모두 둥근 모양이야. 그런데 운전대가 처음부터 둥근 모양이었던 건 아니야. 처음에 운전대는 막대기 모양이었어."

"막대기 모양이었다고? 그런 운전대로 어떻게 운전을 해?"

쌩쌩이의 말에 찬율이가 깜짝 놀라 물었어요. 운전대가 막대기 모양이었

내가 타고 있는 벤츠의 특허 차도 막대기 모양 운전대를 사용했는걸!

다니 믿을 수가 없었어요.

"그때는 도로가 지금처럼 **복잡하지** 않아서 자전거처럼 방향을 바꾸기만 하면 됐거든. 그래서 막대기 모양 운전대로도 충분히 운전이 가능했어. 막대기 모양 운전대를 틸러 운전대라고 불렀지."

"그럼 언제부터 운전대가 둥근 모양으로 변한 거야?"

"막대기 모양의 운전대는 1890년대에 이르러서야 둥근 모양으로 바뀌었어. 차들이 많아지고 도로가 점점 복잡해지면서 운전대로 더 세밀한 조작을 해야 했지. 운전자가 원할 때 **재빨리** 방향을 틀거나 다양한 방향으로 움직이는 데에는 막대기 모양의 운전대보다 둥근 모양의 운전대가 훨씬 쉽고 편하다는 걸 알게 된 거야."

"막대기 모양 운전대는 너무 불편했을 것 같아."

"그래. 오늘날에는 둥근 운전대에 많은 기능이 추가되었어. 속도 조절 등 다양한 버튼이 운전대에 달려 있어서 운전대에서 손을 떼지 않고도 여러 가지 조작이 가능하지."

"처음부터 그런 기능이 있었던 게 아니구나."

"자동차에는 운전대 말고도 목적지까지 정확하게 데려다주는 역할을 하는 게 또 있는데, 혹시 뭔지 알겠어?"

찬율이가 골똘히 생각하다가 고개를 가로저었어요.

"그게 뭐야?"

찬율이는 궁금한 마음에 무엇이 달라졌는지 찾아보려고 쌩쌩이를 여기저기 살피며 물었어요.

"바로 내비게이션이야. 너도 알겠지만 내비게이션은 길을 찾아가는 것을 돕는 장치야. 운전대가 차를 원하는 방향으로 움직이게 해 준다면, 내비게이션은 목적지까지 길을 안내하지. 내비게이션 덕분에 낯선 길도 헤매지 않고 찾아갈 수 있게 된 거야."

"나도 알아. 우리 아빠 차에도 있거든. 낯선 곳에 갈 때 목적지 주소나 이

무선 통신이 발달해서 도로 상황 등 여러 가지 교통 정보를 실시간으로 알 수 있어.

지금은 당연하게 쓰고 있지만, 불과 십여 년 전만 해도 대부분 내비게이션 없이 운전했잖아.

44

름만 입력하면 길을 알려 주잖아."

쌩쌩이는 내비게이션이 등장한 것이 그리 오래되지 않았다고 말했어요. 내비게이션이 생기고 나자 길을 찾기 쉬워지면서 시간 낭비가 줄고 연료도 훨씬 절약할 수 있게 되었다고 했어요.

쌩쌩이의 설명을 들으며 찬율이는 내비게이션이 없이 낯선 길을 운전해야 하는 상황을 상상해 보았어요. 운전을 하다가도 수시로 차를 멈춰서 지도를 확인하거나 사람들에게 길을 물어봐야 했을 게 틀림없었어요. 상상만으로도 불편할 것 같았어요.

"요즘에 내비게이션은 점점 더 발전해서 교통 정보까지 파악해 가장 빠르고 편한 길을 알려 주는 기능까지 개발되었어. 만약 어느 길이 공사 중이어서 교통이 혼잡하거나, 교통사고가 발생해서 길이 막히면 내비게이션이 다른 길을 알려 주지."

비나 눈이 내릴 때도 문제없어

쌩쌩이는 운전대나 내비게이션 말고도 자동차의 많은 부분이 변화해 왔다고 말했어요.

"20세기 초반까지만 해도 자동차에는 비나 바람을 막을 만한 것이 아무것도 없었어."

"그럼 비나 눈이 올 때에는 어떻게 자동차를 타고 다녔어?"

"날씨가 좋지 않을 때는 되도록 자동차를 타지 않았어. 꼭 자동차를 타야 할 경우에는 *비바람*이나 먼지를 막기 위해서 긴 외투를 입고 고글과 모자를 꼭 착용했지."

"휴, 날씨가 안 좋은 날에는 자동차를 거의 못 탔겠네. 진짜 불편했겠다."

비나 눈이 오는 날 지붕 없는 차를 타고 달리는 상상을 하니 찬율이의 얼굴이 저절로 **찌푸려졌어요.**

"그렇지. 자동차가 막 만들어지던 시기에는 차에 앞 유리도 없었어. 앞 유리 없이 자동차를 타고 달리면 어땠을까?"

"**킥킥,** 바람이 너무 세서 눈도 못 뜨고, 입도 저절로 벌어졌을 거야."

찬율이는 강아지 뽀미가 차창 옆에서 바람을 맞을 때 모습이 생각나 웃었어요. 쌩쌩이도 하하 따라 웃었어요.

"하하, 영락없이 그랬을 거야. 그러니 얼마나 불편했겠어. 그래서 1910년대에 들어서면서 바람과 비를 막기 위해서 자동차에 2단식 앞 유리를 달기 시작했어. 그런데 문제는 앞 유리에 비를 닦아 주는 와이퍼가 없었다는 거야. 와이퍼는 그때 발명되지 않았었거든."

"와이퍼가 없으면 빗물 때문에 앞이 잘 안 보였을 텐데. 그럼 비 올 때는 앞 유리가 있으나 마나 아니야?"

찬율이가 **놀라서** 물었어요.

"그래서 앞 유리가 위아래로 나누어진 2단식이었던 거야. 비가 내리면 위쪽 유리를 올려 그 틈새로 앞을 보며 운전할 수 있도록 한 거지."

"그러면 틈새로 비가 들이칠 텐데 비를 맞으며 운전했다는 거야?"

쌩쌩이가 와이퍼를 움직이며 대답했어요.

"그럴 수밖에 없었어. 그것 말고는 별 **뾰족한** 수가 없었으니까 말이야."

쌩쌩이는 1930년대에 들어서면서 앞 유리가 자동차 몸체와 이어진 유리 한 장의 형태로 바뀌었고, 시간이 더 지난 후에야 자동 와이퍼가 개발되어 지금처럼 앞 유리를 자동으로 닦아 주게 되었다고 알려 주었어요.

"비나 눈이 올 때 자동차가 안전하게 달릴 수 있도록 도와주는 게 유리와 와이퍼 말고 또 있어. 그게 뭘까?"

쌩쌩이가 찬율이에게 물었어요.

"와이퍼 말고 또 있다고?"

찬율이는 **곰곰이** 생각해 보았지만 잘 생각나지 않았어요.

"잘 모르겠는데. 앞 유리랑 와이퍼 말고 또 뭐가 있는데?"

"내가 힌트를 줄게. 자동차 바퀴에 끼우는 고무 타이어를 잘 생각해 봐."

"타이어? 타이어와 연관이 있다고?"

찬율이는 고개를 **갸우뚱거렸어요.**

"그래. 타이어 이야기가 나와서 말인데, 너 자동차 바퀴가 처음에는 나무나 쇠로만 되어 있던 것 알아?"

"정말?"

찬율이는 새로운 사실에 눈이 **휘둥그레졌어요.**

쌩쌩이는 초기 자동차 바퀴가 마차 바퀴처럼 나무나 쇠로 만들어진 바퀴였다고 알려 주었어요. 그래서 자동차를 타면 바퀴와 땅의 마찰이 심해 자동차가 덜컹거렸고, 엉덩이가 얼얼해서 오래 타기가 힘들었다고 했어요.

아빠, 엉덩이가 너무 아파요.

자전거를 편하게 탈 수 있는 방법이 없을까?

덜덜덜~

옳지, 부드러운 고무로 바퀴를 감싸면 충격이 줄어들 거야.

"지금과 같은 고무 타이어가 개발된 것은 1888년이야. 영국의 존 던롭에게 아들이 있었는데, 그 아들이 무척 자전거를 좋아했어. 그래서 던롭의 아들은 자전거를 자주 탔는데 그때마다 엉덩이를 무척 아파했지. 그 모습을 본 던롭은 어떻게 하면 아들이 자전거를 편하게 탈 수 있을지 고민하다가 바퀴를 바꾸어 보기로 한 거야. 그래서 공기를 넣은 고무 타이어를 만들어 바퀴 둘레를 감쌌어. 그랬더니 **말랑말랑한** 고무 때문에 땅과 마찰이 줄어서 자전거가 훨씬 부드럽게 달렸어."

"우아, 아들에 대한 사랑 때문에 타이어가 만들어진 거네!"

찬율이는 타이어가 만들어진 이유가 너무 **재미있었어요.** 타이어가 자전거 바퀴에서 시작되었다는 사실도 무척 놀라웠어요.

하지만 찬율이의 궁금증은 아직 풀리지 않았어요.

"그런데 비가 올 때 안전하게 달리는 것과 타이어가 무슨 상관이 있다는 거야?"

"타이어에 새겨진 홈이 비가 올 때 자동차가 안전하게 달리도록 해 주기 때문이야. 원래 처음 만들어진 타이어는 표면이 **매끈해서** 비가 오면 미끄러지기 일쑤였어. 타이어와 땅 사이에 물막이 생기기 때문이야."

그러고 보니 찬율이도 타이어에서 **지그재그** 모양의 홈을 보았던 기억이 났어요.

"타이어에 홈이 있으면 안 미끄러져?"

"응, 지금의 타이어는 표면에 홈이 많이 있어서 **울퉁불퉁해.** 바로 그 홈 사이로 물이 빠져나가서 타이어가 미끄러지는 걸 막아 주는 거야. 작은 차이가 타이어의 미끄러짐을 확연하게 줄여 준 거지."

그동안 대수롭지 않게 지나쳤던 타이어의 홈이 그런 중요한 역할을 하고 있었다니, 찬율이는 정말 흥미로웠어요.

와이퍼를 주부가 발명했다고?

비가 내려서 전차가 제대로 달리지를 못하는구나.

미국에 살던 메리 앤더슨 부인은 1903년 어느 날 약속이 있어 전차를 탔다. 그런데 갑자기 비가 쏟아지기 시작하자 전차가 멈추고 말았다. 비가 앞을 가려 운전을 할 수 없는 상황이 된 것이다.

앤더슨 부인은 비가 오더라도 전차의 앞 유리를 깨끗하게 해서 앞을 볼 수 있는 방법이 없을까 고민했다. 그리고 빗자루에서 아이디어를 얻어 '창문 닦기'라는 간단한 기구를 발명해 특허를 받았다. 하지만 창문 닦기는 그 후 한동안 알려지지 않다가 1919년 포드 자동차의 한 기술자가 창문 닦기를 처음으로 포드 차에 달며 사람들에게 알려지게 되었다. 초기의 창문 닦기는 사람이 손으로 직접 움직여야 했지만 이후 계속 발전하여 오늘날과 같은 자동 와이퍼까지 나오게 되었다.

앞 유리에 빗자루처럼 창문 닦는 도구를 달면 어떨까?

언제든지 안전하게

"자동차가 발전하면서 좋은 점이 많았지만 자동차를 이용하는 사람들이 많아질수록 교통사고도 점점 증가했어. 그리고 자동차 사고가 나면 대부분 **심각한** 부상으로 이어져 목숨을 잃는 경우가 많았지."

쌩쌩이는 한숨을 쉬더니 교통사고에 대한 이야기를 시작했어요. 교통사고가 늘어나면서 사람들은 교통사고로부터 몸을 보호하는 방법에 대해 고민했다고 했어요.

"1951년 독일의 벤츠와 미국의 지엠(GM) 자동차 회사가 처음으로 자동차에 골반 부분을 고정시켜 주는 2점식 안전벨트를 달았어. 원래 비행기에서 사용하던 **안전벨트**를 자동차에 적용한 거야. 이를 계기로 다른 자동차 회사에서도 안전벨트를 달았지. 하지만 2점식 안전벨트도 아주 안전하지는 않았어. 사고가 났을 때 몸을 잘 잡아 주지 못했거든."

지금도 버스에서는 2점식 안전벨트를 많이 사용해.

승용차에서는 거의 3점식 안전벨트를 사용해.

"휴, 교통사고는 정말 끔찍해. 안전벨트가 지금처럼 안전하지 않았다니 한번 사고가 나면 크게 다쳤을 것 같아."

"맞아, 교통사고로 죽는 사람의 수가 해마다 크게 늘어나면서 사람들은 자동차의 안전장치가 얼마나 중요한지 깨닫고 연구를 계속했어. 1959년에 스웨덴의 닐스 볼린이 2점식 안전벨트보다 더 안전한 3점식 안전벨트를 자동차에 달게 되었어. 3점식 안전벨트는 골반을 고정해 주는 벨트와 어깨에 사선으로 매는 벨트를 조합한 거야. 이 안전벨트는 신체 중에서 충격을 잘 흡수하는 골반과 가슴뼈를 고정시켜서, 사람이 밖으로 튕겨 나가지 않도록 해 주었어. 현재 사용되는 안전벨트와 거의 똑같은 모양이지."

쌩쌩이는 자동차의 안전을 강조하며 찬율이에게 또 다른 안전장치들을 알려 주었어요.

"안전벨트와 함께 개발된 안전장치로 에어백도 있어. 안전벨트와 에어백은 떼려야 뗄 수 없는 사이야. 사고가 나면 안전벨트는 사람이 튕겨 나가지 않도록 끌어당기는 역할을 해. 그리고 에어백의 공기 주머니가 부풀어 나오면서 사람이 핸들 같은 **딱딱한** 곳에 부딪치지 않도록 막아 주지."

"안전벨트도 에어백도 모두 자동차에 꼭 필요하구나."

에어백이 있지만 사고는 항상 조심해야 해.

에어백은 자동차가 충돌할 때 순간적으로 공기 주머니가 부풀어 사람 몸이 받는 충격을 줄여 주는 안전장치다.

"응, 그런데 만약 안전벨트를 착용하지 않은 상태에서 사고가 나서 에어 백이 부풀면 더 큰 사고가 날 수 있어. 몸이 튕겨 나가는 충격에 에어백이 폭발해서 화상을 입거나 다칠 수 있거든. 그러니까 자동차를 탈 때에는 꼭 안전벨트를 착용해야 해."

찬율이는 쌩쌩이의 설명을 들으면서 마음이 뜨끔했어요. 안전벨트 매 기가 귀찮아서 가끔 안전벨트를 매지 않고 차를 타려다 부모님께 혼났던 기억이 떠올랐기 때문이에요. 찬율이는 쌩쌩이의 설명을 듣고 나니 안전벨 트를 꼭 매야겠다는 생각이 들었어요.

"자동차에는 안전을 위한 장치가 많아. 그중 하나가 바로 방향 지시 등이 야. 방향 지시 등은 불을 깜빡여서 차가 가려는 방향을 알려 줘. 그래 서 자동차가 서로 충돌하는 것을 막아 주지. 방향 지시 등도 처음부터 있 었던 게 아니야. 옛날에는 방향 지시 등이 없어서 운전자가 손으로 직접 신

좌회전을 하기 전에 왼쪽 방향 지시 등을 켜야지.

난 우회전을 할 거니까 오른쪽 방향 지시 등을 켜야지.

호를 보내 자신이 가는 방향을 알려 줬어. 그러다 1938년부터 상업용 자동차에 전기로 깜빡이는 방향 지시 등이 설치된 거야."

"운전을 하다 말고 손으로 신호를 보냈단 말이야? 정말 위험했겠는걸."

찬율이는 **놀라** 쌩쌩이의 말을 되물었어요.

"방향 지시 등만이 아니야. 옛날에는 전조등도 없었어. 전조등은 밤에 사고 없이 안전하게 달릴 수 있도록 밤길을 밝혀 주는 등을 말해."

"헉, 그러면 밤에 어떻게 자동차를 탔어?"

"재미있게도 초기 자동차에는 전조등 대신 양초를 넣은 등을 달았대. 그런데 촛불은 캄캄한 밤길을 밝히기에 너무도 **흐릿했어.** 그래서 점점 기름, 가스, 전기를 이용한 조명 장치들을 개발했고 그 결과 지금처럼 밝은 전조등이 만들어진 거야."

쌩쌩이의 설명을 듣고 나니 찬율이는 그동안 자동차가 얼마나 발전되어 왔는지 실감이 났어요. 찬율이는 자동차가 전보다 훨씬 대단하게 느껴졌어요.

환경을 깨끗하게

"붕붕이 말처럼 오늘날 자동차가 필수품이 되면서 자동차 때문에 대기 오염이 심각해졌어. 자동차 배기가스가 대기 오염의 약 60~70%나 차지하게 되었거든."

쌩쌩이는 특히 자동차 엔진에서 나오는 탄화수소, 일산화탄소, 질소산화물이 사람들의 건강에 나쁜 영향을 끼친다고 말했어요.

"그래서 친환경 자동차를 개발하려고 **힘쓰고** 있대."

찬율이는 붕붕이가 해 주었던 이야기를 떠올리며 말했어요.

"그래, 많은 자동차 회사들이 대기 오염을 일으키지 않는 친환경 자동차를 만들기 위해 노력하고 있어. 그뿐만 아니라 일반 자동차의 배기가스를 줄이려는 노력도 계속하고 있지. 그래서 만들어진 것이 바로 촉매 변환기야. 이름이 **좀 어렵지?** 촉매 변환기는 자동차에서 생기는 배기가스를 깨끗하게 정화하는 장치야."

"그러면 지금 사람들이 타고 다니는 자동차에도 배기가스를 줄이는 장치

자동차에서 나오는 해로운 물질은 기관지 천식이나 감기 등 여러 가지 병의 원인이 되기도 해.

아이, 시끄러워.

덜덜

가 있는 거야?"

"응, 하지만 촉매 변환기가 배기가스를 완전히 깨끗하게 만들지는 못해. 그래도 자동차에서 만들어지는 가장 좋지 않은 물질인 탄화수소, 일산화탄소, 질소 산화물을 물이나 이산화탄소로 바꾸어 주지."

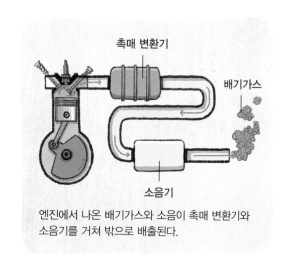

엔진에서 나온 배기가스와 소음이 촉매 변환기와 소음기를 거쳐 밖으로 배출된다.

찬율이는 새로운 사실을 알고 무척 흥분했어요. 자동차에 배기가스를 줄이는 장치가 있으리라고는 생각하지 못했거든요.

"자동차의 소음을 줄여 주는 장치도 있어. 원래 자동차는 달릴 때 엔진이 돌아가면서 큰 소리를 내. 그래서 초기의 자동차들은 오토바이 소리보다도 엄청나게 큰 소음을 냈어. 소음에 시달리던 사람들은 엔진 소음을 줄이기 위해서 소음기를 만들게 된 거야."

자동차가 달리는 도로

"이번에는 자동차가 달리는 도로에 대해 이야기를 해 볼까?"

쌩쌩이가 느닷없이 이야기의 주제를 도로로 바꾸었어요.

"갑자기 웬 도로? 난 자동차 얘기가 더 좋은데……."

찬율이가 의아해하며 묻자 쌩쌩이가 말했어요.

"자동차와 도로는 떼려야 뗄 수 없는 사이야. 자동차가 잘 달리려면 도로도 좋아야 하니까 말이야. 도로가 어떻게 변했는지 살펴보면 자동차를 이해하는 데 훨씬 도움이 될 거야."

찬율이는 도로에 대해서는 영 흥미가 생기지 않았지만 자동차를 더 잘 이해할 수 있을 거라는 말에 참자코 귀를 기울였어요.

"자동차가 처음 등장했을 때는 도로가 구불구불한 흙길이거나 갑자기 좁아지는 경우가 많았어. 구덩이도 많아서 자동차가 빠지는 일도 허다했어."

찬율이도 고개를 끄덕였어요.

"물론 초기 자동차는 속도가 빠르지 않아서 길이 불편해도 큰 문제는 생

울퉁불퉁한 길에서는 빨리 달리기가 힘들어.

기지 않았어. 하지만 자동차의 속도가 빨라지고 자동차를 타는 사람들이 늘어나면서 더 잘 달릴 수 있는 도로가 필요하게 되었지. 그래서 자동차가 달리기 좋은 아스팔트 포장도로를 만들기 시작한 거야."

쌩쌩이는 자동차로 인해서 좁은 길이 **넓어지고**, 울퉁불퉁한 길이 매끄럽게 다듬어졌다고 말했어요. 또 자동차만 다닐 수 있는 전용 도로가 생겨나고, 산이나 장애물을 통과하기 위해 터널을 뚫거나 다리를 만들기도 했다고 했어요.

"세계 최초의 현대적인 고속 도로는 1925년에 이탈리아에서 만든 고속 도로였어. 이탈리아에서 자동차만 다닐 수 있는 고속 도로를 만들자 다른 나라들도 앞다투어 고속 도로를 만들었지."

찬율이는 **울퉁불퉁한** 길만 달리던 사람들이 매끈한 고속 도로를 달리면서 얼마나 신이 났을까 저절로 상상이 되었어요.

"자동차 전용 도로를 만들면서 언덕길, 굽은 길 등도 곧고 넓게 바뀌었어. 또 마을 곳곳으로 이어지던 구불구불한 길은 사라지고 자동차가 잘 다닐 수 있는 기능적인 도로도 생겨났지. 도로는 기능에 따라 자동차 전용 도로와 일반 도로로 나뉘었어."

쌩쌩이는 자동차 전용 도로에는 고속 도로와 도시 고속화 도로가 있다고 설명해 주었어요. 고속 도로는 오직 자동차만 다녀서 건널목도 없고

이탈리아 고속 도로
1960년대 이탈리아 밀라노의 고속 도로 모습이다.

신호등도 없는 도로라고 했어요. 또 차가 빨리 달릴 수 있도록 하는 것이 목적이어서 직선에 가깝게 만들기 때문에 구불구불한 일반 도로보다 길이가 훨씬 짧다고 했어요. 그래서 먼 거리를 갈 때는 일반 도로보다 고속 도로를 이용하는 것이 차가 밀리지 않을 경우 훨씬 빠르다는 것이었어요.

"그럼 도시 고속화 도로는 무슨 도로야?"

찬율이가 물었어요.

"도시 고속화 도로는 도시 안에 있는 고속 도로 같은 거야. 도시 안의 주요 지역 사이를 빠르게 잇거나, 근처의 다른 도시와 연결하는 역할을 하는 도로지. 도시 고속화 도로도 고속 도로처럼 건널목이나 신호등이 없어 빠른 속도로 달릴 수 있어."

"도로라고 다 똑같은 것이 아니었구나."

찬율이는 고개를 끄덕였어요.

"자동차가 편리하게 다닐 수 있도록 도로가 변화하고 발전하면서 우리는 더 먼 곳까지 훨씬 빠르게 다닐 수 있게 되었지."

로마의 도로

자동차가 발명되기 이전에도 로마에는 오늘날과 비슷한 체계적인 도로가 있었다. 고대 로마 제국은 로마를 중심으로 하여 유럽 각지로 통하는 거대한 도로망을 건설했다.

로마의 도로는 제국의 구석구석까지 나 있었고, 규모도 웅대했을 뿐만 아니라 구조도 매우 뛰어났다. 로마의 도로는 고대 로마의 최대 유산 중 하나로 꼽히며, 군대와 물자의 이동을 편리하게 하여 로마가 커다란 제국으로 발전하는 데 큰 역할을 하였다. 지금까지도 일부는 그대로 사용하고 있을 만큼 당시 로마의 도로는 무척 우수했다.

도로망이 구석구석 잘 뻗어 있구나.
오래전에 이런 도로를 만들었다니!

고대 로마의 도로망
고대 로마의 도로는 식민지를 포함한 전 영토에 걸쳐 건설되었다.

표지판과 신호등

쌩쌩이가 이번에는 도로를 이용하는 운전자가 지켜야 할 교통 법규에 대해 알려 주겠다고 했어요.

"교통 법규 중 가장 대표적인 것은 운전할 때 지켜야 할 교통 법칙을 알려 주는 표지판이야. 도로를 이용하는 사람이라면 누구나 이 표지판에 따라야 해."

쌩쌩이는 교통사고가 증가하자 사고를 예방하기 위해 교통 표지판을 만들어 사람들이 지키도록 했다고 설명해 주었어요.

"사람들은 운전자들이 꼭 지켜야 하는 교통 표지판을 만들고 표지판에 글자 대신 간단한 그림을 그려 넣었어. 먼 거리에서도 운전자가 한눈에 표지판 내용을 파악할 수 있도록 하기 위해서지."

"아, 그래서 교통 표지판은 그림으로 그려진 거구나."

찬율이는 교통 표지판이 간략한 그림으로 그려진 이유를 듣고 무릎을 탁 치며 말했어요. 아주 기발한 생각 같았어요.

"도로에는 교통 표지판처럼 교통 법규를 지시하는 게 또 있어. 그게 무언지 알겠니?"

쌩쌩이가 찬율이에게 물었어요.

"글쎄, 뭐가 있지?"

찬율이가 고개를 갸우뚱하자 쌩쌩이가 찬율이에게 힌트를 주었어요.

"교통 표지판처럼 일정한 곳에 서 있고 불을 깜빡거리는 거야."

"아, 신호등! 신호등이구나!"

찬율이는 그제야 생각이 나서 소리쳤어요.

"맞아, 바로 신호등이야. 신호등은 '진행', '정지' 등의 신호를 나타내서 교통의 흐름을 원활하게 해 줘. 교통이 복잡하고 혼잡한 도로에서 신호등은 없어서는 안 될 교통 장치야."

"우와, 도로에서 신호등이 정말 중요한 역할을 하고 있구나."

"신호등의 시초는 1868년 영국에 설치된 교통 신호기야. 이 교통 신호기는 경찰이 직접 손으로 조작해서 불을 켜고 꺼야 하는 가스등이었는데, 가스 폭발 사고가 일어나는 바람에 오래 사용되지는 못했어. 그 후 1914년에 미국의 개릿 모건이 신호등을 발명하며 다시 거리에서 신호등을 볼 수 있게 된 거야."

"신호등이 생기기까지 그렇게 오랜 시간이 걸렸다니, 정말 몰랐어."

쌩쌩이가 찬율이에게 다시 질문했어요.

"신호등에 있는 색이 빨간색, 초록색, 오렌지색 3가지 색이라는 것은 알고 있지? 신호등은 색깔에 따라 지시하는 내용이 다 다른데, 찬율이 너 모두 알고 있니?"

"당연하지. 빨간색은 정지, 초록색은 진행. 그리고 오렌지색은……. 오렌지색은 무엇을 나타내는 거지?"

자신 있게 대답하던 찬율이가 말끝을 흐렸어요. 오렌지색은 아무리 생각해도 알 수가 없었거든요.

"오렌지색은 주의를 가리켜. 곧 신호가 바뀔 테니 주의하라는 거지. 교통 표지판이나 신호등은 모두 운전자가 꼭 지켜야 할 규칙이자 약속이야. 어떤 사람들은 지키는 것을 귀찮게 생각하지만, 표지판이나 신호등만 제대로 지켜도 사고의 위험을 미리미리 막을 수 있어."

쌩쌩이는 약속이라는 단어를 강조하며 말했어요.

"알겠어. 꼭 지킬게."

찬율이는 힘차게 고개를 끄덕였어요.

표지판이나 신호등은 모두가 지켜야 해.

신호는 꼭 지키기! 약속!

끄~ 옥

끄덕 끄덕

안전을 위한 교통 표지판

비보호 좌회전
좌회전 신호가 없는 교차로에 설치되는 표지판이다. 직진 신호에서 교통에 방해가 되지 않을 때 좌회전을 할 수 있다는 뜻이다.

진입 금지
일방통행인 곳에 세워지는 표지판이다. 해당 구간에서는 자동차가 한 방향으로만 가도록 되어 있다는 뜻으로 진입해서는 안 된다.

노면 고르지 못함
길이 고르지 못하다는 표시이다. 자동차가 다니기에 좋지 않은 길이니 미리 속도를 낮추고 주의를 기울여 운전하라는 뜻이다.

차로 없어짐
차선이 줄어드는 곳에 세워지는 표지판이다. 길이 좁아지면 차들이 갑자기 몰리는 현상이 발생하므로 미리 대비하라는 뜻이다.

야생 동물 보호
길에 야생 동물이 다닐 수 있으니 주의하여 운전하라는 뜻이다. 야생 동물을 보호하고, 사람들이 놀라는 것을 막기 위한 표지판이다.

 자동차 배기가스는 어떻게 줄일 수 있을까?

 일반적인 자동차는 연료를 태워 에너지를 얻는다. 이때 연료가 연소하면서 연기와 그을음이 생기고 이것은 자동차의 배기가스로 발생한다. 자동차의 배기가스는 대기 오염의 주된 원인 이다. 그래서 사람들은 자동차 배기가스를 줄이기 위해서 배기가스를 깨끗하게 만들어 주는 촉매 변환기를 달고, 배기가스를 발생시키 지 않는 친환경 에너지를 연료로 사용하려 고 한다. 자동차 에너지원으로 사용할 수 있는 친환경 에너지에는 수소 연료, 바이오 연료 등이 있다. 바이오 연료는 식물이나 가축의 똥오줌 등에서 얻는 연료이다.

 로마의 도로는 어떻게 만들어졌을까?

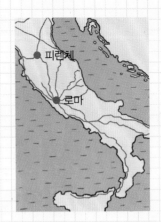

로마는 군사적으로 중요한 곳을 연결하고 로마가 지배하는 나 라에서 물자를 운반해 오기 위해 도로를 만들었다. 로마의 도 로는 현재의 공사 기술과 비교해도 손색이 없을 만큼 발전되 어 있었다. 큰 돌을 깔고 그 위에 잘게 부순 돌을 뿌려 채운 뒤, 다시 자갈 같은 돌을 깔아 튼튼하게 만들었다. 도로 양쪽 에는 배수구를 만들어 비가 와도 빗물이 빠질 수 있도록 실용 적인 면도 고려했다. 로마의 대표적인 도로는 아피아 가도이 다. 아피아 가도는 기원전 312년부터 만들기 시작했으며, 지금 도 도로의 일부가 사용되고 있다.

도로는 왜 아스팔트로 만들까?

울퉁불퉁한 길을 매끈하게 만들 수 없을까 고민하던 도로 개발자들은 궁리 끝에 아스팔트를 모래나 돌가루 등에 섞어서 도로를 만들었다. 아스팔트는 뜨거운 상태에서는 액체 상태로 있다가 식으면 돌처럼 딱딱하게 굳는 성질이 있기 때문에 매끈한 도로를 만드는 데 매우 알맞다. 그래서 아스팔트는 지금까지 도로를 만드는 데 널리 사용되고 있다.

  신호등은 왜 만들었을까?

자동차가 많이 생겨나면서 도로가 복잡해지고 사고가 늘어났다. 그래서 자동차와 사람이 모두 안전하게 길을 다닐 수 있도록 교통 신호와 신호등을 만들었다. 신호등에는 운전자를 위한 신호등과 보행자를 위한 신호등이 있다. 보행자를 위한 신호등은 사각형 모양에 빨간색 불과 초록색 불이 번갈아 켜진다. 빨간색 불이 켜지면 횡단보도를 건너지 말아야 한다. 초록색 불이 켜지면 횡단보도를 건너갈 수 있다. 하지만 횡단보도를 건너기 전에는 반드시 차가 오는지 확인해야 한다. 횡단보도를 건너는 도중에 초록색 불이 깜박거리기 시작한다면 신속하게 건너가거나 다시 되돌아와야 한다.

더 빠르게 달려라!

실린더 수에 따라 엔진의 힘이 달라진다고?

"나도 얘기 좀 하자! 이러다 날 새겠다."

느닷없이 옆에서 누군가 투덜거리는 소리가 들려왔어요. 소리의 주인공은 쌩쌩이 옆에 있던 빨간색 스포츠카였어요.

스포츠카의 말에 다른 자동차들도 바퀴를 굴리며 맞장구를 쳤어요.

"맞아, 맞아. 쌩쌩이 너는 말이 너무 많아."

"내 말이 좀 길었나?"

쌩쌩이가 겸연쩍은 목소리로 말하곤 전조등을 끄며 조용히 뒤로 물러났어요. 그러자 스포츠카가 기다렸다는 듯이 **불쑥** 튀어나오며 말했어요.

"내 이름은 **번쩍이**. 나는 이탈리아의 자동차 회사인 페라리에서 만든 스포츠카란다. 나를 모를 리 없겠지?"

"그럼, 알고말고. 내가 스포츠카를 얼마나 좋아하는데!"

찬율이가 들뜬 목소리로 대답했어요.

"오호, 스포츠카를 좋아한다니 차를 볼 줄 아네. 어떤 스포츠카를 제일 좋아하는데?"

찬율이의 말에 번쩍이가 기대에 찬 목소리로 물었어요.

"내가 제일 좋아하는 스포츠카는 이탈리아 자동차 회사인 람보르기니에서 만든 차야."

번쩍이의 질문에 찬율이는 조금도 망설이지 않고 대답했어요.

그러자 번쩍이의 얼굴이 금세 **새빨개졌어요.** 번쩍이가 당황하자 다른 자동차들은 터져 나오는 웃음을 참으며 **킥킥**거렸어요.

번쩍이는 당황한 마음을 감추려고 애쓰며 다시 말했어요.

"스포츠카 하면 속력이고, 속력 하면 페라리 차인 나지. 스포츠카를 좋아한다면 당연히 페라리의 차를 좋아해야 하는 거 아니야?"

"미안하지만 그래도 난 람보르기니가 더 좋아. 미안해."

찬율이는 정말로 미안해하며 말했어요.

그러자 웃음을 참고 있던 자동차들이 결국 **하하** 웃음을 터뜨리고 말았어요. 번쩍이는 다시 얼굴이 새빨개져 헛기침을 했어요.

"흠흠, 그렇다면 어쩔 수 없지. 지금부터는 내가 자동차의 기본, 진정한 속력의 세계를 알려 줄게. 재미있는 이야기로 나를 더 좋아하게 만들겠어!"

번쩍이는 짐짓 태연한 척하며 이야기를 시작했어요.

"쌩쌩이가 말한 대로 자동차는 사람들이 이용하기 편리하고 안전하게 발전해 왔어. 하지만 누가 뭐라고 해도 자동차는 속력이 가장 중요하지. 자동차가 만들어진 이래로 사람들은 더 빠른 차를 타기 위해 무척 애썼어. 그럼 자동차의 속력을 높이려면 어떻게 해야 할까?"

하하, 페라리와 람보르기니 두 회사는 오래전부터 알아주는 라이벌이라고.

"엔진의 힘을 세게 만들면 되지."

찬율이가 자신 있게 대답했어요.

"그럼 엔진의 힘은 어떻게 해야 **세질까?**"

이번에 찬율이는 우물쭈물 대답을 하지 못했어요.

그러자 번쩍이가 설명해 주었어요.

"자동차는 엔진의 실린더 안에다 연료와 공기를 넣고 압축시킨 뒤에, 폭발적으로 팽창시켜서 나오는 힘으로 움직여. 엔진은 압축된 가스가 크게 팽창할수록 더 강한 힘을 낼 수 있지."

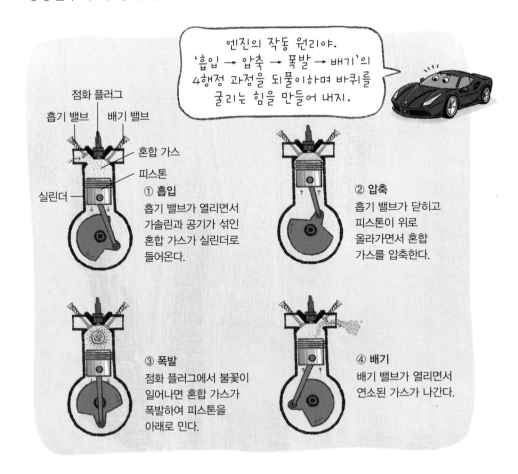

엔진의 작동 원리야.
'흡입 → 압축 → 폭발 → 배기'의
4행정 과정을 되풀이하며 바퀴를
굴리는 힘을 만들어 내지.

점화 플러그

흡기 밸브   배기 밸브

혼합 가스

피스톤

실린더

① 흡입
흡기 밸브가 열리면서
가솔린과 공기가 섞인
혼합 가스가 실린더로
들어온다.

② 압축
흡기 밸브가 닫히고
피스톤이 위로
올라가면서 혼합
가스를 압축한다.

③ 폭발
점화 플러그에서 불꽃이
일어나면 혼합 가스가
폭발하여 피스톤을
아래로 민다.

④ 배기
배기 밸브가 열리면서
연소된 가스가 나간다.

"그런데 실린더가 뭐야?"

"실린더는 속이 비어 있는 둥근기둥 모양의 장치야. 엔진의 힘을 세게 하려면 실린더의 크기를 크게 만들면 돼. 실린더의 크기가 커지면 압축되는 가스량이 많아지고 그러면 더 크게 **팽창할** 수 있으니까 말이야."

"음, 알 것 같기도 하고 모를 것 같기도 해."

찬율이는 고개를 갸웃거리며 말했어요.

"사람이 달릴 때 폐에서 들이마시는 공기량과 내뱉는 공기량, 즉 폐활량이 많으면 숨이 덜 차서 잘 달려. 그것과 같은 이치로 자동차도 흡입하는 공기량과 연소된 배기가스를 밖으로 내보내는 양이 많아지면 그만큼 더 잘 달릴 수 있는 거야. 즉 흡입하는 공기량이 많아지려면 엔진의 실린더가 커야 하고, 실린더가 크면 자연히 내보내는 배기량도 많아지는 거지. 그래서 엔진과 배기량을 보고 차의 성능을 알 수 있어."

찬율이는 그제야 고개를 **끄덕거렸어요.** 자동차와 사람의 몸을 비교해서 설명을 들으니 한결 이해하기 쉬웠어요.

"엔진 속의 실린더 수를 늘리는 것도 엔진의 힘을 키우는 방법이야. 4기통 엔진이라고 하면 실린더가 4개란 뜻이야. 6기통 엔진이라고 하면 실린더가 6개, 8기통 엔진이라고 하면 실린더가 8개 있다는 뜻이지. 그리고 배기량은 'cc'로 표기해. 그럼 여기서 문제를 하나 낼게. 잘 생각해 봐. 4기통 엔진에 1,000cc인 차가 있다고 했을 때 이 차는 실린더 한 개당 배기량이 몇 cc일까?"

"음, 1,000cc를 4로 나누면 250이 되니까, 실린더 하나당 배기량은 250cc겠지?"

찬율이가 잠깐 고민하다 대답했어요.

"그래, 맞았어. 그럼 6기통에 3,000cc 자동차라면 이 차의 실린더 한 개당 배기량은 몇 cc일까?"

"3,000cc를 6으로 나누면 3,000÷6=500이니까 실린더 한 개당 배기량은 500cc가 되지. 이 차가 4기통의 1,000cc 차보다 엔진의 힘이 크고 훨씬 잘 달리겠네."

실린더 1개의 배기량 = 총 배기량 ÷ 실린더 개수

"맞아. 아주 똑똑한데!"

찬율이가 바로 대답하자 번쩍이가 찬율이를 칭찬했어요.

"하지만 배기량이 크고 엔진의 힘이 세다고 해서 무조건 좋은 엔진이라고 할 수는 없어."

"왜? 엔진의 힘이 클수록 더 좋은 엔진인 거 아니야?"

찬율이가 어리둥절한 표정으로 물었어요.

"배기량을 크게 만들기 위해서는 엔진이 커질 수밖에 없어. 엔진이 커질수록 차도 더 크고 무거워지겠지?"

"아, 그렇겠구나."

번쩍이의 대답에 찬율이가 고개를 끄덕였어요.

번쩍이는 그래서 큰 엔진은 대부분 버스나 화물차같이 큰 자동차에 주로 사용한다고 말해 주었어요.

번쩍이의 설명 덕분에 찬율이는 엔진의 힘이 실린더 크기와 수에 따라 달라진다는 것을 알게 되었어요. 찬율이는 번쩍이한테 배운 것을 나중에 친구들 앞에서 자랑해야겠다고 생각했어요. 친구들이 깜짝 놀랄 생각에 벌써부터 어깨가 으쓱해졌어요.

알면 알수록 더 재미있는 엔진

자동차 엔진의 힘은 엔진 속 실린더 수에 정비례한다. 엔진은 실린더 수에 따라 4기통, 6기통, 8기통 등으로 나타내는데, 이때 표기되는 숫자가 엔진 속 실린더의 수를 의미한다. 자동차용으로 사용하는 엔진은 대부분 4~12기통이다. 일반적으로 타는 승용차 중 배기량 2,000cc 정도의 소형 자동차는 4기통, 배기량 3,000cc 이상의 중형 자동차는 6기통 엔진을 주로 사용한다. 배기량이 그보다 큰 대형 자동차에서는 8기통 엔진을 사용하기도 한다. 6기통 이상 엔진의 경우에는 대부분 실린더를 V 모양으로 배치하는데, 그렇게 배치된 형태의 엔진을 V형 엔진이라고 한다. 만약 엔진을 V8이라고 표기한다면 이것은 V형의 8기통 엔진이라는 뜻이다.

V8 엔진 자동차

포드 머스탱

아우디 A8

10기통 이상의 엔진은 일반 승용차가 아닌 경주용 자동차나 최고급 스포츠카에서 주로 사용한다. V10 엔진은 경주용 차에서 즐겨 사용하며, V12 엔진을 사용하는 자동차로는 람보르기니 아벤타도르와 페라리 F12 등이 있다.

V10 엔진 자동차

F1 머신

V12 엔진 자동차

람보르기니 아벤타도르

페라리 F12

공기 저항에 따라 속력이 달라진다고?

"자동차의 속력을 좌우하는 것이 엔진의 힘이라고 했지? 그런데 엔진 말고도 자동차의 속력에 영향을 미치는 것이 또 있어."

"그게 뭔데?"

찬율이가 고개를 **갸웃하며** 물었어요.

"바로 공기 저항이야. 공기 저항은 물체가 공기 속을 이동할 때 공기로부터 이동 방향과 반대의 힘을 받는 것을 말해. 즉 물체가 움직일 때에는 공기로부터 방해를 받는다는 말이야."

"공기한테 방해를 받는다고?"

찬율이는 번쩍이의 말이 선뜻 이해되지 않았어요.

"우리가 미처 깨닫지 못하지만 사실 우리는 항상 공기를 가르며 움직이고 있어. 마치 물속에서 움직이는 것처럼 공기 속에서 움직이는 거지. 물속에서는 앞으로 나아가려고 해도 마음대로 잘되지 않아. 물의 저항을 받기 때문이지. 공기도 **마찬가지야.** 그런데 공기는 매우 가벼워서 물보다 저항력이 훨씬 작기 때문에 우리가 잘 느끼지 못할 뿐이야. 하지만 우리가 평소보다 빨리 움직이면 상황은 달라져. 그냥 걸을 때와 달릴 때 느끼는 바람의 정도가 다른 것처럼 말이야. 공기 속에서 움직일 때 물체의 속도가 빨라지면 빨라질수록 공기의 저항력도 올라가."

"그러니까 자동차가 달리면 공기의 저항을 받아서 속도가 느려진다는 말이야? 가벼운 공기의 저항이 크면 얼마나 크겠어?"

찬율이는 믿을 수 없다는 듯 물었어요.

"자동차에 미치는 공기 저항은 네가 생각하는 것보다 훨씬 커. 자전거를
타고 **신나게** 달려 본 적 있니? 머리카락과 옷이 뒤로 날리지? 자동차가
받는 공기 저항은 그때 우리에게 미치는 힘의 백 배를 넘는 정도야."

찬율이는 자전거를 타고 친구들과 운동장에서 시합했던 기억을 떠올렸
어요. 자전거를 타고 신나게 달리자 쓰고 있던 모자가 바람에 날아가던 기
억도 함께 떠올랐어요. 자동차가 그것보다 백 배도 더 큰 저항을 받는다니
쉽게 믿어지지 않았어요.

번쩍이는 더 자세히 설명해 주었어요. 공기 저항력은 움직이는 속도의 제
곱에 비례해서, 속도가 빨라질수록 공기의 저항력도 커진다고 했어요.

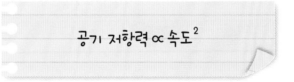

$$\text{공기 저항력} \propto \text{속도}^2$$

그래서 자동차의 속도가 2배 증가하면 자동차가 받는 공기 저항력은 4배
가 되고, 속도가 3배 증가하면 공기 저항력은 9배가 된다고 했어요. 자동

차가 시속 200km로 달리면 시속 100km로 달릴 때보다 공기 저항력이 4배나 커지고, 시속 300km로 속력이 빨라지면 공기 저항력이 9배나 커진다는 것이었어요.

"그런데 공기 저항은 공기가 닿는 물체의 면적에도 영향을 받아. 공기 저항력은 자동차의 면적에도 비례하거든. 즉 면적이 **넓을수록** 공기의 저항력도 커지는 거지. 자동차가 2배로 커지면 공기 저항력도 2배 커지고, 자동차가 4배로 커지면 공기 저항력도 4배로 커져."

공기 저항력 ∝ 면적

"**아이코,** 머리야. 자동차가 달릴 때 공기의 방해를 받는다니……."
찬율이는 복잡한 계산에 머리카락을 움켜쥐었어요.

"하하, 너무 머리 아파하지 마. 중요한 것은 자동차가 공기 저항력을 줄이기 위해서 점점 모양을 바꾸어 왔다는 거야."

"모양을 어떻게 바꿨다는 거야? 난 잘 모르겠는데……."

공기의 저항

찬율이는 붕붕이와 번쩍이의 모양을 비교하면서 갸웃거렸어요.

"붕붕이와 내 모습을 잘 비교해 봐. 자동차가 만들어진 지 얼마 되지 않았을 때는 자동차가 네모난 모양이었지만, 지금은 부드러운 유선형이잖아. 차의 모양이 상자처럼 각진 형태일 때는 공기의 흐름이 차에 부딪혀 차가 나아가는 것을 방해하게 돼. 하지만 차의 형태를 유선형으로 만들면 공기가 차체를 따라 부드럽게 흘러가게 되어 공기의 저항을 덜 받지. 그래서 자동차의 모양은 네모난 모양에서 공기의 저항을 줄일 수 있는 부드러운 유선형으로 점점 바뀌게 된 거야."

"아, 그러고 보니 정말 오늘날의 자동차 모양이 옛날 자동차 모양보다 더 부드러운 것 같아."

찬율이는 그제야 고개를 끄덕이며 말했어요.

번쩍이는 설명을 계속했어요.

"속도가 생명인 경주용 자동차는 공기 저항을 가장 적게 받는 어뢰형 형태가 많아. 어뢰는 물고기 모양으로 생긴 공격용 무기인데, 앞으로 빠르게 나아갈 수 있도록 공기 저항을 최소화하는 형태로 만들어졌지. 그 모양을 경주용 자동차의 형태에 적용한 거야."

"와, 정말 대단해."

찬율이가 감탄하자 번쩍이는 어깨를 으쓱하며 말했어요.

"자동차 모양이 그냥 멋지게 보이려고만 만들어진 게 아니라는 거지."

자동차를 타면서 우리는 얼마나 빨라졌나?

"찬율아, 사람들이 보통 한 시간에 4km 정도를 걷는다는 사실을 알아? 4km는 4,000m니까 100m 달리기를 40번 하는 거리지."

"겨우 그것밖에 못 걸어?"

"달리기를 하면 그것보다 더 빠른 속도를 낼 수 있어. 대략 시속 10km로 뛸 수 있대. 마라톤 선수라면 시속 20km의 속도로 빨리 달릴 수 있고 말이야. 하지만 마라톤 선수라도 두 시간 동안 달리고 나면 기진맥진해져서 한참 동안 쉬어야 할 거야."

"그렇겠지. 달리느라 체력을 많이 소모했을 테니까 말이야."

번쩍이의 말에 찬율이가 고개를 끄덕이며 **맞장구**를 쳤어요.

"그럼 개는 얼마나 빨리 달릴까?"

번쩍이가 찬율이에게 물었어요.

"음, 사람보다는 빨리 달리지 않을까?"

"맞아, 개는 시속 40km 정도로 달려. 또 말은 시속 65km, 치타는 시속 100km에 가까운 속력을 내기도 하지. 동물 중 가장 빠른 것은 송골매로, 먹이를 잡을 때는 시속 300km가 넘는 엄청난 속도로 날 수 있어."

"우아, 모두 사람보다는 훨씬 빠르구나."

"그렇지. 그럼 **시속 100km로 달리는 치타**는 시속 20km로 달리는 마라톤 선수보다 몇 배 빠를까?"

"음, 100을 20으로 나누면 알 수 있어. 100÷20=5니까, 치타가 마라톤 선수보다 5배 빨라. 마라톤 선수도 치타와 비교하면 정말 느리네."

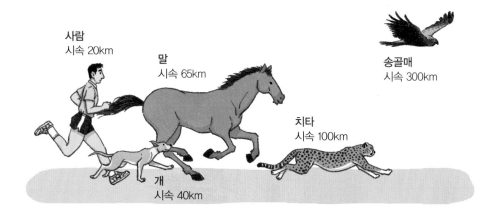

사람
시속 20km

말
시속 65km

송골매
시속 300km

치타
시속 100km

개
시속 40km

찬율이는 사람이 얼마나 느린지 깨닫고 놀랐어요. 동물들과 비교하니 속도의 차이가 더 크게 느껴졌어요.

"어쨌든 중요한 것은 사람은 아주 느린 동물에 속한다는 거야. 사람은 아무리 많이 걸어도 하루에 30~40km 이상은 다니기 힘들어. 그래서 사람보다 빠른 말을 길들이기 시작했고 말을 타고는 하루에 200km 정도는 갈 수 있게 되었어."

"200÷40=5니까 걸어 다닐 때에 비하면 5배 정도는 먼 거리까지 움직일 수 있게 된 거네."

찬율이가 고개를 끄덕이며 말했어요.

"그런데 자동차가 발명된 이후로 사람들의 이동 거리는 이전과 비교도 못할 만큼 길어졌어. 자동차 덕분에 사람들은 하루에 1,000km도 이동할 수 있게 되었거든."

번쩍이의 설명을 들으니 찬율이는 자동차를 타면서 사람이 얼마나 멀리 빠르게 이동할 수 있게 되었는지 실감이 났어요.

"자동차는 **강력한** 엔진의 힘으로 땅에 사는 어떤 동물보다도 빠르

게 달릴 수 있어. 자동차의 무게는 코뿔소와 비슷해서 약 1,000~2,000kg 정도로 코뿔소만큼이나 무거운 쇳덩어리지만, 땅에서 제일 빠른 동물인 치타보다도 더 빨리 달리지. 인간은 느린 동물에 속하지만 자동차 덕분에 가장 빨리 움직일 수 있게 된 거야.”

“그래서 난 자동차가 좋아. 자동차 덕분에 어디든 **빨리** 갈 수 있잖아.”

찬율이는 번쩍이의 설명에 연신 고개를 끄덕이며 말했어요.

그러자 번쩍이가 스포츠카에 대한 자랑을 늘어놓았어요.

“스포츠카는 일반 자동차들보다 훨씬 빨라. 강력한 엔진을 갖고 있기 때문이야. 또 스포츠카는 불필요한 공간을 없애기 위해 사람이 타는 자리까지도 줄였어. 스포츠카가 대부분 2인승이고 자리가 매우 좁은 것은 그 때문이야. 그래서 스포츠카는 일반 자동차에 비해 덩치도 매우 작고 모양도 무척 납작하지.”

“그럼 세상에서 가장 빠른 차는 뭐야?”

“자동차는 계속해서 점점 빨라지고 있어. 오늘날에 가장 빠른 차로 불리는 차 중의 하나는 스웨덴의 슈퍼 카 제조사인 ‘코닉세그’에서 나온 ‘레제라’야. 코닉세그는 2016년에 ‘제네바 모터쇼’에서 하이브리드 자동차인 레제라를 선보였어. 레제라는 시속 400km가 넘는 엄청난 속도를 자랑하고 있지. 엔진에 힘을 더해 주는 3개의 전기 모터를 가지고 있다는 것이 특징이야. 한정판으로 판매되는 레제라의 가격은 우리나라 돈으로 무려 20억이 넘는다고 해."

코닉세그 레제라

"우아, 새 중에서도 가장 빠른 송골매보다 더 빠르네! 진짜 대단하다! 얼마나 빠른지 나도 언젠가 꼭 타 보고 싶어!"

찬율이는 놀랍다는 표정으로 번쩍이를 쳐다보았어요. 새보다 빠른 차라니, 스포츠카가 정말 대단해 보였어요. 그러자 번쩍이가 한껏 우쭐해진 목소리로 말했어요.

"그래도 빠른 속도를 향한 사람들의 도전은 끝이 없어. 스포츠카는 더 빠른 속도를 내기 위해 현재도 끊임없이 진화하고 있거든. 스포츠카는 앞으로 더 빨라질 거야."

스포츠카는 일반 자동차보다 훨씬 빨리 달릴 수 있지, 에헴!

흥!

마음대로 속도를 낼 수 없다고?

"새보다 빨리 달리는 차가 만들어졌지만 그렇다고 마음껏 속도를 내서 달려서는 안 돼!"

"왜? 빨리 달리려고 빠른 차를 만든 건데 왜 속도를 내면 안 되는 거야?"

번쩍이의 말에 찬율이가 눈을 **동그랗게** 뜨고 물었어요.

"제한 속도가 있기 때문이야."

번쩍이가 대답했어요.

어른이 되어 자동차를 타면 마음껏 속도를 높여 **쌩쌩** 달릴 기대에 부풀어 있던 찬율이는 크게 실망했어요.

"진짜? 도로에 제한 속도가 있다고? 고속 도로에도 제한 속도가 있어?"

찬율이는 믿고 싶지 않아 거듭 물었어요.

"물론이야. 모든 도로에는 제한 속도가 있어. 대한민국 시내 도로의 일반 제한 속도는 시속 50~60km야. 그리고 고속 도로는 평균 100km지."

"더 빨리 달릴 수 있는데 왜 제한 속도를 두는 거야?"

시속 100km 이하로 달려야 한다는 표지판이군.

찬율이는 제한 속도를 정해 두는 것이 잘 이해가 되지 않았어요.

"자동차가 빨리 달리기 위해서는 거기에 맞는 도로가 갖추어져야 해. 예를 들어 비탈길이나 굽은 길을 빠른 속도로 달린다면 얼마나 위험하겠어? 대한민국은 국토의 70%가 산으로 이루어져 있어. 그래서 길이 직선으로 곧은 고속 도로를 만들기란 매우

최저 속도 제한 표지
차가 너무 느리면 뒤에 오는 차와 부딪힐 위험이 발생하기 때문에 최저 속도를 제한하기도 한다.

어려운 일이야. 그런 고속 도로를 만들려고 산을 깎거나 터널을 뚫으려면 **엄청난** 비용이 들 테니까 말이야."

번쩍이의 설명에 찬율이는 잔뜩 실망했어요. 아무리 빠른 속도의 차가 만들어진다 해도 시속 100km 이상 속도를 낼 수 없다니 억울한 마음이 들기까지 했어요.

"제한 속도를 두지 않고 그냥 마음대로 달리면 안 돼?"

찬율이가 **풀이 죽어** 물었어요.

"만약 속도 제한이 없다면 도로에는 무조건 빨리 달리려고 추월하는 차가 많아지고, 뒤에서 달려오는 차는 생각도 하지 않고 불쑥 끼어드는 차도 늘어나겠지. 그러면 교통사고가 너무 많아지지 않을까? 도로마다 적절한 제한 속도를 정한 이유는 자동차의 사고 위험을 줄이기 위해서야. 빠른 속도로 달릴수록 사고가 일어나면 충격이 커져 피해가 크거든."

그래도 찬율이는 계속 **실망스러운 표정**을 지었어요.

"너무 실망하지 마. 독일의 아우토반처럼 제한 속도가 없는 곳도 있어."

아우토반

아우토반은 독일의 자동차 전용 고속 도로로, 독일 곳곳을 촘촘히 연결하고 있다.

"아우토반? 방금 제한 속도가 없으면 교통사고 위험이 크다고 했는데 그런 데에서는 차가 어떻게 달려?"

찬율이가 의아해하며 물었어요.

"제한 속도가 없으니까 서로 제멋대로 달릴 것 같지? 그런데 아우토반에서는 자동차들이 다른 차들의 속도를 맞추면서 달려. 또 추월할 수 있는 차로를 늘 비워 두어서 빨리 달리는 차가 있으면 먼저 지나갈 수 있도록 하지. 그래서 제한 속도 없이도 안전하게 달릴 수 있는 거야."

"그럼 우리도 아우토반처럼 제한 속도를 없애면 안 될까?"

번쩍이의 말을 들은 찬율이가 말했어요.

그러자 번쩍이가 **단호하게** 대답했어요.

"아우토반에서처럼 자동차를 타고 마음껏 속도를 내서 달리고 싶다면, 모두가 다른 차를 배려하고 질서를 지키는 자세를 먼저 가져야 할 거야."

우리나라의 고속 도로

우리나라에 처음 생긴 고속 도로는 1968년 12월에 개통된 경인 고속 도로다. 경인 고속 도로는 서울과 인천 구간을 잇는 고속 도로로, 1967년에 공사가 시작되어 1968년에 개통되고, 1969년에 처음으로 고속버스 20대가 운행되었다. 이듬해인 1970년에 서울과 부산을 연결하는 경부 고속 도로가 완공되었으며, 이어서 호남 고속 도로, 남해 고속 도로, 영동 고속 도로 등도 차례로 완공되었다.

현재 우리나라에는 40여 개의 고속 도로가 있으며, 각 고속 도로의 기점, 종점, 경유지는 주요 도시들로 구성되어 전국을 긴밀하게 연결하고 있다. 따라서 고속 도로가 생긴 이후 사람들은 다른 도시로 더 빠르고 편리하게 이동할 수 있게 되었고, 어디든지 하루 안에 왕복할 수 있는 1일 생활권으로 접어들었다.

경부 고속 도로
대한민국의 수도인 서울과 두 번째로 큰 도시인
부산을 연결하는 대표적인 고속 도로이다.

고속 도로는
우리나라 곳곳을
연결해 주는구나.

STEAM 쏙
교과 쏙

Q | 속력이 무엇일까?

A | 속력은 단위 시간 동안 물체가 이동한 거리이다. 따라서 물체의 이동 거리를 걸린 시간으로 나누면 속력을 구할 수 있다. 예를 들어, 어떤 사람이 10초 동안 50m를 걸었다면 그 사람의 속력은 다음 식으로 구할 수 있다.

속력=이동 거리÷걸린 시간

=50m÷10초(s)

=5m/s

즉, 속력은 5m/s이다. 물체의 빠르기를 속력으로 나타내면 어떤 것이 더 빠른지 비교하기 좋다.

5학년 2학기 과학 3. 물체의 빠르기

Q | 속력과 속도는 어떻게 다를까?

A | 속력은 단위 시간 내에 이동한 거리이고, 속도는 단위 시간 내의 위치 변화이다. 예를 들어 한 사람이 한 걸음 앞으로 갔다가 다시 뒤로 한 걸음 돌아오는 운동을 빠르게 하고 있다고 하자. 이 사람의 위치는 변하지 않았다. 따라서 이 사람은 빠른 속력으로 이동하고 있지만 위치가 변하지 않았기 때문에 속도는 0이다.

스포츠카가 납작하고 유선형인 이유는 무엇일까?

 자동차가 달릴 때 받는 공기 저항은 속력과 자동차의 면적에 따라서 달라진다. 속력이 빨라질수록, 면적이 넓어질수록 공기 저항은 더 강해진다. 그래서 공기가 닿는 면적을 줄이기 위해 스포츠카는 차 높이를 최대한 낮춰 납작하게 만든다. 또 자동차가 달릴 때 공기가 닿는 부분이 부드러운 곡선이어야 공기의 저항을 줄일 수 있기 때문에 모양을 유선형으로 만든다. 이는 유선형의 몸을 가진 물고기가 물속을 자유롭게 헤엄칠 수 있는 것과 같은 이치이다.

4학년 1학기 수학 2. 곱셈과 나눗셈

 A 자동차와 B 자동차의 엔진 속 실린더 1개당 배기량은 무엇이 더 클까?

	A 자동차	B 자동차
배기량	2,000cc	4,000cc
실린더 수	4	8

 A 자동차는 실린더가 4개이고 배기량이 2,000cc이다. 2,000÷4=500이므로, A 자동차 실린더 하나의 배기량은 500cc이다.

B 자동차는 실린더가 8개이고 배기량이 4,000cc이다. 4,000÷8=500이므로, B 자동차 실린더 하나의 배기량은 500cc이다.

따라서 A 자동차와 B 자동차의 실린더 1개당 배기량은 500cc로 같다.

4장

재미있는 자동차 세상

거침없이 달리는 자동차 경주

"꺄! 드디어 내 차례야!"

번쩍이의 말이 끝나자 옆에 있던 노란 차가 앞으로 나오며 *소리쳤어요.*

이번에 찬율이는 놀라는 대신 고개를 갸웃거리며 물었어요.

"넌 누구야? 처음 보는 모델인 것 같은데 새로 나온 차야?"

노란 차가 신이 나서 대답했어요.

"내 이름은 **궁금이!** 난 미래에 만들어질 차야. 아직 어떤 차가 될지 정해지지 않았으니 콘셉트 카라고 할 수 있지."

"미래 자동차라고? 콘셉트 카는 또 뭐야?"

궁금이의 말에 찬율이는 깜짝 놀랐어요.

"응, 지금은 없지만 미래에 나올 차야. 콘셉트 카에 대해서는 나중에 자세히 설명해 줄게. 미래에는 자동차가 나처럼 더 가볍고, 빠르고, 편리하고, 안전하게 만들어질 거야."

궁금이는 자신의 몸을 뽐내며 말했어요.

찬율이는 그런 궁금이를 신기한 눈으로 바라보았어요.

"지금부터는 이제까지와 다른 새로운 자동차의 세계로 안내할게. 자동차 박사가 꿈이라니 너한테 큰 도움이 될 거야. 우선 첨단 자동차들이 모인다는 자동차 경주에 대해 알아볼까?"

"우아, 나 자동차 경주 진짜 좋아하는데!"

궁금이의 말에 찬율이가 손뼉을 치며 소리쳤어요. 찬율이의 눈이 그 어느 때보다도 반짝거렸어요.

"자동차 경주의 묘미는 단연 속도야. 사람들은 자동차 경주를 통해서 더 빨리 달리고 싶은 욕망을 해소하고 짜릿함을 느끼지. 그래서 해마다 세계 곳곳에서 수많은 자동차 경주가 열려."

"맞아, 멋진 자동차들이 쌩쌩 달리는 걸 보면 정말 신나!"

찬율이가 맞장구를 치며 말했어요.

"자동차 경주는 폐쇄된 코스를 달리는 레이스와 정해진 구간을 장거리로 달리는 랠리로 나누어져. 레이스는 일정한 규칙에 따라 정해진 코스를 달려서 속도를 겨루는 경기를 말해. 레이스 경주용 자동차는 경주에 적합한 특별한 엔진을 가지고 있어서 매우 빠르기 때문에 일반 도로에서 달리면 위험해! 자동차 레이스 중 가장 유명한 레이스는 포뮬러 원(F1)이야. 자동차에 관심 있는 사람이라면 포뮬러 원이란 이름은 한 번쯤 들어 봤을 거야."

"알아, 알아. 포뮬러 원은 나도 본 적이 있는 자동차 경주야."

"그래, 포뮬러 원은 시속 350km를 넘나드는 빠른 속도로 달리는 자동차 경주야. 포뮬러 원 경주 참가자들은 20개가 넘는 나라를 순회하면서 각 나라 경주로에서 경주를 펼쳐. 각 대회마다 순위대로 점수를 주고 모든 경주가 끝나면, 점수를 합해서 종합 우승자를 뽑지."

"우리 삼촌이 그러는데 포뮬러 원은 세계 최고의 자동차들만 나오는 경주라며?"

찬율이가 설레는 목소리로 물었어요.

"응, 포뮬러 원은 최고 속도로 달리는 차를 뽑는 경주이기 때문에 경주용 차에 여러 가지 첨단 기술들이 다 들어가 있어. 그래서 첨단 자동차의 기술을 겨루는 곳이나 다름없어."

궁금이의 설명을 들으니 찬율이는 포뮬러 원 경주가 더 대단하게 느껴져 가슴이 뛰었어요.

우아, 멋진 차들이 많다!

포뮬러 원(F1) 그랑프리는 올림픽, 월드컵과 함께 세계 3대 스포츠로 손꼽힌다.

"나도 언젠가는 꼭 포뮬러 원 경주를 직접 보러 갈 테야!"

찬율이는 잔뜩 들뜬 목소리로 말했어요.

"포뮬러 원 말고 르망 24시 레이스도 유명해. 르망 24시 레이스는 누가 더 많이 달리느냐를 겨루는 경주야. 이 경주는 13km 정도의 경주용 도로를 계속 돌면서 24시간이나 쉬지 않고 달려야 해. 그래서 24시간 후에 어떤 차가 가장 많이 달렸는지 주행 거리로 우승자를 가려내지."

"우아, 그런 레이스도 있었구나! 그런데 24시간을 꼬박 달린단 말이야? 그게 가능해?"

찬율이는 새로 알게 된 레이스에 놀라 눈이 휘둥그레졌어요.

"르망 24시에서는 3명의 운전자가 교대로 돌아가며 운전을 해. 하지만 아직 놀라긴 이르다고. 랠리에 대해 들으면 입이 쩍 벌어질걸. 랠리는 레이스와 달리 일반 공공 도로나 거친 자연을 달리는 경주야. 경주를 시작하면 보통 20일 넘게 달려. 랠리는 달리는 구간이 정해져 있어서 각 구간마다

르망 24시는 매년 6월 프랑스의 '라 사르트 경주장'에서 열린다.

월드 랠리 챔피언십(WRC)
월드 랠리 챔피언십의 코스에는 비포장도로,
산길, 눈길 등 다양한 구간이 있다.

소요된 시간을 종합해서 가장 적은 시간이 걸린 참가자가 우승하는 방식이야."

"우아, 랠리도 정말 대단한 자동차 경주로구나!"

하루도 아니고 며칠씩 자동차를 타고 달리며 경주를 한다니 찬율이는 그저 **놀랍기만** 했어요.

찬율이가 연신 감탄을 하자 궁금이는 신나서 설명을 이어 나갔어요.

"랠리 경주 중 가장 유명한 경주는 월드 랠리 챔피언십(WRC)이야. 월드 랠리 챔피언십은 유럽 각국과 오스트레일리아, 아르헨티나 등 13~14개국을

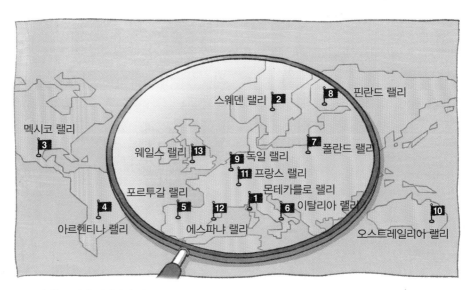

2015년 월드 랠리 챔피언십 경주 코스
2015년 월드 랠리 챔피언십은 1월 몬테카를로 랠리를 시작으로 11개월 동안 13개국에서 열렸다.

사막도 거침없이 달리는구나!

다카르 랠리
전통적으로 다카르 랠리 코스에는 항상 사하라 사막이 포함되어 있었으나, 테러의 위협으로 2009년 대회부터는 남미의 아타카마 사막을 거치는 코스로 바뀌었다.

돌며 경주를 펼치는 랠리야. 워낙 길이 멀고 험해서 경주를 시작하기 전에 미리 경주해야 하는 지형을 파악해 두어야 해."

"경주에서 우승하려면 지리도 잘 알아야겠구나."

"그렇지. 또 죽음의 경주로 유명한 다카르 랠리도 있어. 다카르 랠리는 사막을 횡단하는 경주로 계곡, 산악 지대, 사막의 **험난한** 코스를 달려야 해. 경주 기간은 3일에서 20일을 넘기도 해. 다카르 랠리는 딱 정해진 도로를 달리는 것이 아니라서 길이 없으면 길을 만들면서 달리기도 해. 다카르 랠리도 경주 시간이 길어서 경주를 하다가 밥을 해 먹기도 하고 텐트를 치고 잠을 자기도 하지."

찬율이는 놀라운 이야기에 눈을 반짝이며 귀를 기울였어요. 그것은 찬율이가 지금까지 알지 못했던 모험 가득한 세계였어요.

경주를 위해 움직이는 사람들

"나도 내가 만든 차를 타고 자동차 경주에 도전해 보고 싶어!"

찬율이가 자동차 경주를 하는 상상에 푹 빠져 소리쳤어요.

"우아, 그거 멋진데! 자동차를 좋아하는 너라면 꼭 나갈 수 있을 것 같아. 그럼 자동차 경주에 참가하는 사람들에 대해 알려 줄게."

궁금이는 기꺼이 찬율이의 꿈을 지지해 주었어요. 찬율이는 자신의 꿈을 무시하지 않고 용기를 **북돋워 주는** 궁금이가 고마웠어요. 그래서 궁금이의 말에 더 귀를 기울였어요.

"경주 대회는 경주용 차가 있다고 해서 나갈 수 있는 것은 아니야. 자동차 경주는 운전자 한 사람만 잘해서 우승하는 경기가 절대 아니거든."

"그게 무슨 소리야? 선수가 자동차 운전만 잘하면 되는 거 아니야?"

찬율이는 **의아해하며** 물었어요.

그러자 궁금이가 고개를 저으며 대답했어요.

"포뮬러 원을 예로 들어 설명해 볼게. 포뮬러 원에 한 팀이 참가하기 위해서는 수십 명의 사람들이 필요해. 먼저 차를 운전할 선수가 2~4명 정도 있어. 운전 실력이 좋고 체력도 뛰어난 선수들이지. 그 외에도 경주에서 최고의 속도로 달릴 수 있도록 차를 디자인하는 머신 디자인 파트, 경주에서 이기기 위해서 경기 전략을 짜는 경기 운영 및 작전 파트 등 다양한 분야의 팀원이 필요해. 그리고 이들을 총감독하고 작전을 지시하는 팀의 감독도 있어야 해. 이들이 모두 힘을 합해야 경주에서 좋은 성적을 낼 수 있는 거야."

"그렇게 많은 사람들이 모두 한 팀이라고?"

궁금이의 말에 찬율이의 눈이 휘둥그레졌어요.

"그게 다가 아니야. 포뮬러 원 경주에서 모든 차들은 경주를 하다가 중간에 한 번 이상 멈춰서 자동차를 정비해야 해. 워낙 빠른 속도로 달리기 때문에 고장이 나기도 하고, 연료가 떨어지기도 하고, 타이어가 닳기도 하거든. 자동차가 멈추는 곳을 '피트'라고 하는데 그곳에서 20여 명의 엔지니어들이 기다리고 있다가 차가 들어오면 재빨리 차를 정비하고, 빠른 속도를 낼 수 있는 전략을 알려 주기도 해. 당연히 모두 한 팀인 거지."

"그렇구나! 운전자의 힘으로만 우승할 수 있는 게 아니구나!"

찬율이는 놀라워하며 말했어요.

자동차 경주에서 운전자가 연료 보급, 타이어 교체, 기계 장치 정비 등을 위해 피트에 정차하는 것을 '피트 스톱'이라고 한다.

"그런데 중요한 것은 피트에서 경주 차를 정비하는 시간도 경주 시간에 포함된다는 거야. 그러니 이때 시간이 많이 걸리면 당연히 경주 속도도 느려지겠지? 그래서 피트에서 정비하는 시간을 **최소한으로** 줄이는 것도 정말 중요해. 실제로 자동차가 피트에서 정비를 받는 시간은 아주 순식간이야. 타이어를 교체하고, 연료를 보급하고 기계 정비를 하는 데에 시간이 모두 얼마나 걸릴 것 같니?"

"음, 글쎄."

찬율이는 도무지 짐작이 가지 않았어요.

"불과 2~4초밖에 걸리지 않아. *굉장히 빠르지?* 정비를 2초 이내에 끝냈던 기록도 있단다. 0.1초 차이에도 경주의 승패가 바뀔 수 있기 때문에 아주 중요한 부분이라고."

"우아, 진짜 빠르다! 그렇게 빠를 줄은 상상도 못 했어. 자동차 경주는 선수가 빠른 속도를 내기만 하면 되는 줄 알았는데 정말 많은 사람들의 힘이 필요한 거였구나."

찬율이가 **감탄하자** 궁금이
가 말했어요.

"맞아. 자동차 경주는 경주용
차를 운전하는 선수뿐만 아니라,
이렇게 눈에 보이지 않는 곳에서
각자 맡은 일에 최선을 다하는
많은 사람들의 노력으로 이루어
지는 거야."

2013년에 우리나라 전라남도 영암에서 포뮬러 원
그랑프리 대회가 열렸다.

찬율이는 고개를 끄덕였어요. 여러 사람들이 열심히 힘을 합해야만 좋은
결과를 낼 수 있다고 생각하니, 경주를 위해 애쓰는 많은 사람들이 모두
멋있게 느껴졌지요.

와, 멋있다!

포뮬러 원 그랑프리는
전라남도 영암에서도
열린 적이 있어.

서울
대전
대구
영암
부산
제주

자동차 경주의 꽃은 머신

"너 포뮬러 원에 나가는 차를 뭐라고 부르는지 아니?"

궁금이가 뜬금없이 찬율이에게 물었어요.

"경주용 차."

찬율이가 자신 있게 대답했어요.

그러자 궁금이가 **고개를 저었어요.**

"포뮬러 원에 나가는 차는 단순히 경주용 차라고 부르지 않고 머신이라
고 불러."

"머신? 영어로 기계라는 뜻 아니야?"

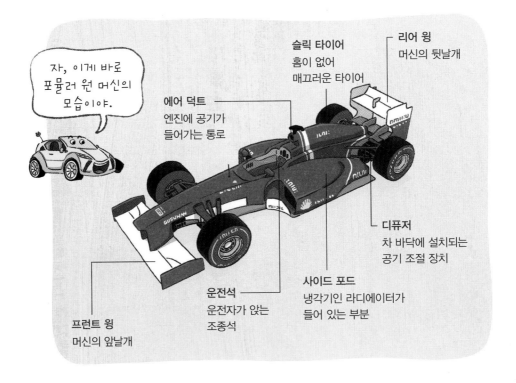

자, 이게 바로
포뮬러 원 머신의
모습이야.

슬릭 타이어
홈이 없어
매끄러운 타이어

리어 윙
머신의 뒷날개

에어 덕트
엔진에 공기가
들어가는 통로

디퓨저
차 바닥에 설치되는
공기 조절 장치

프런트 윙
머신의 앞날개

운전석
운전자가 앉는
조종석

사이드 포드
냉각기인 라디에이터가
들어 있는 부분

"맞아, 똑똑한데! 포뮬러 원에 나오는 차를 머신이라고 부르는 이유는 경주에서 최고의 속도를 내기 위해 온갖 첨단 기술로 만들어져 있기 때문이야. 머신은 우리가 평소에 타는 일반 자동차와는 아주 달라."

"뭐가 다른데?"

찬율이가 궁금해서 물었어요.

"가장 다른 점은 엔진이야. 머신의 엔진은 실린더 수를 늘려서 더욱 강력하게 만들어. 또 엔진을 알루미늄이나 티타늄처럼 열에 강하고 단단한 첨단 소재로 만들어서 무게도 무척 가벼워. 80~100kg 정도로 일반 승용차보다 가볍지."

"우아, 그렇구나."

"하지만 뭐니 뭐니 해도 머신의 큰 특징은 앞뒤에 있는 날개야."

"에이, 거짓말. 날개 달린 자동차가 세상에 어디 있어? 만화 영화에서라면 몰라도 말이야."

찬율이는 궁금이의 말을 믿을 수가 없었어요.

"진짜야. 머신에는 날개가 있다니까."

궁금이가 머신의 날개에 대해 자세히 설명해 주었어요.

"하지만 비행기의 날개와 머신의 날개는 역할이 달라. 비행기의 날개는 비행기를 위로 띄우기 위한 역할을 하지만, 머신에서는 머신이 공중으로 뜨는 것을 막아 주기 위해 날개를 사용하는 거야. 머신은 굉장히 빠른 속도로 달리기 때문에 차체가 바닥에 잘 붙어 있도록 하는 것이 매우 중요해. 강한 힘으로 바퀴를 누르지 않으면 커브를 돌 때 차가

뒷날개는 위에 달아서 머신이 공중에 뜨지 않도록 하고, 앞날개는 자동차가 땅에 딱 달라붙게 하는 역할을 하지.

앞날개

뒷날개

《흔들리거나》 위로 뜰 수가 있거든. 이렇게 차를 바닥에 착 달라붙게 누르는 공기의 힘을 다운 포스라고 하지."

"공기의 힘으로 머신을 눌러 주다니, 정말 엄청난걸?"

"다운 포스는 머신이 매우 빠른 속도로 달릴 때 발생하게 되는데, 경주의 승패를 좌지우지할 만큼 중요한 거야. 내가 재미있는 이야기 하나 더 해줄게. 머신이 고속으로 달릴 때 생기는 다운 포스의 힘은 상상보다 훨씬 더 강력해서, 머신이 최고 속도를 낸다면 터널 천장에 거꾸로 붙어서 달릴 수 있을 정도라고 해."

"우아, 정말 놀랍다!"

찬율이는 처음 듣는 이야기들이 그저 신기하기만 했어요. 그래서 궁금이의 말에 고개를 끄덕이며 감탄하기 바빴어요.

"경주용 차는 워낙 빨라서 일반 도로에서는 타고 다닐 수 없어. 또 속도를 빠르게 하기 위해 사람이 타는 자리도 1인승이나 2인승으로 최소화했지. 경주용 차는 오직 빠른 속도로 달리기 위해서 만들어진 차거든."

찬율이는 궁금이의 설명을 듣다가 문득 궁금한 점이 생겼어요.

"그런데 말이야, 경주용 차는 경주할 때 말고는 타고 다닐 수가 없잖아.

그런데 왜 그렇게 많은 돈을 들여서 만드는 걸까?"

그러자 궁금이가 대답했어요.

"사람은 누구나 빨리 달리고 싶은 욕망을 가지고 있어. 그래서 경주용 차를 통해서 그 욕망을 해소하고 쾌감을 느끼는 거지. 경주용 차는 속도의 즐거움을 줄 뿐만 아니라 자동차 발전에도 아주 큰 영향을 미쳐. 경주용 차가 최고의 속도를 내도록 하기 위해서 사람들이 계속 새로운 첨단 기술을 개발하기 때문이야. 첨단 기술은 처음에는 경주용 차에만 적용이 되지만 점점 발전해서 일반 자동차에도 쓰이게 되거든. 그러면서 차가 점점 더 빠르고 편리하게 만들어지는 거란다."

"아, 그럼 결국 경주용 차의 기술이 우리가 타는 일반 자동차의 기술이 되는 거구나."

찬율이는 자동차 경주 대회가 자동차 발전에 큰 역할을 한다는 사실을 알고 자동차 경주가 더 좋아졌어요.

미래의 자동차를 만날 수 있는 모터쇼

"자동차의 속력을 뽐내는 곳이 자동차 경주라면 자동차의 기술을 뽐내는 곳은 모터쇼야."

자동차 경주 대회 이야기를 끝낸 궁금이는 새로운 이야기를 해 주었어요.

"모터쇼?"

찬율이는 **생소한** 단어에 고개를 갸웃거렸어요.

"모터쇼는 자동차 회사들이 새로운 모델을 처음 발표하거나 앞으로 어떤 차를 만들 것인지 알리는 행사야. 해마다 세계 곳곳에서는 수많은 모터쇼가 열리지. 관람객들은 자동차의 기술이 얼마나 발전되었는지, 앞으로 어떤 모양의 자동차가 나올지 미리 알 수 있어."

"우아, 모터쇼에 가면 **신기한** 자동차들을 많이 볼 수 있겠네."

찬율이는 새로 나온 차들이 모이는 행사라는 소리에 귀가 번쩍 뜨였어요. 모터쇼는 자동차 경주 대회만큼 흥미진진한 곳일 것 같았어요.

"모터쇼에서 사람들의 주목을 끄는 것은 뭐니 뭐니 해도 콘셉트 카야."

"콘셉트 카? 궁금이 너 같은 차 말이야?"

찬율이가 놀라 물었어요.

"응, 콘셉트 카는 한마디로 미래에 만들어질 자동차야. 겉보기엔 진짜 자동차처럼 보이지만 사실 달리지는 못해. 콘셉트 카는 팔기 위해 만든 차가 아니라, 모터쇼를 통해 자동차의 기술력을 뽐내려고 만든 차거든. 콘셉트 카는 각종 첨단 기술과 멋진 디자인으로 만들어진 차라서 아주 근사하고 신기한 차들이 많아. 나처럼 말이야."

궁금이는 자기 얘기가 나오자 잔뜩 우쭐대며 설명했어요.

"그렇게 멋진 콘셉트 카를 만들어 팔면 불티나게 팔릴 텐데 왜 실제로 만들지 않고 전시용으로만 만드는 건데?"

찬율이는 콘셉트 카를 팔지 않는 것이 이해되지 않았어요. 멋진 차가 나오면 사람들이 너도나도 살 것 같았거든요.

"그건 말이지, 나 같은 콘셉트 카는 실제로 만들어서 판매하는 것이 쉽지 않기 때문이야. 미래에 만들어질 자동차라서 최신 기술과 앞선 장비를 달기 때문에 가격이 어마어마하게 비싸거든. 콘셉트 카 한 대를 만드는 데 거의 10억 원 이상이 들기도 해. 움직이지도 못하는 차가 10억 원이 넘으니 진짜 엔진을 달아 움직이게 하려면 얼마나 많은 비용이 들겠어? 이래 봬도 나 엄청 비싼 차라고."

"엥? 달리지도 못하고 팔지도 못하는 차를 왜 만들어?"

찬율이의 질문에 궁금이는 살짝 자존심이 상한 것 같았어요.

"콘셉트 카는 새로운 스타일의 자동차를 만드는 출발점이 되는 차니까 그렇지. 콘셉트 카를 보면 미래에 어떤 차를 타게 될지 알 수 있거든. 예를 들면 교통사고를 줄이기 위해서 자동 항법 시스템을 도입한 콘셉트 카를 만들어 낸다든지……."

"자동 항법 시스템? 그게 뭔데?"

"자동 항법 시스템은 자동차의 위치 변화를 감지하는 센서와 컴퓨터를 자동차에 장착한 거야. 이 기능을 이용해서 인공위성으로부터 위치를 파악하는 신호를 받아서 자동차 스스로 목적지에 갈 수 있어. 또 자동차 곳곳에 주변을 감지하는 기능이 더해져 차선을 알아서 달리거나 앞차와의 안전거리를 스스로 조절하게 할 수도 있지."

"우아, 그런 콘셉트 카도 있어?"

"물론이지. 운전자에게 보이지 않는 반대편 차선을 파악해서 사고를 막을 수 있는 능력을 가진 차도 있고 말이야."

오른쪽으로 우회전!

인공위성이 가라는 대로만 가면 되지.

운전을 안 해도 차가 가니 정말 편하군.

찬율이는 첨단 기술로 만들어진 콘셉트 카들이 너무 신기했어요.

"그뿐만 아니라 멀티 퓨얼 엔진을 가진 차도 만들어졌어."

"멀티 퓨얼 엔진? 그건 또 무슨 자동차야?"

"멀티 퓨얼 엔진은 석유 대신 천연가스, 수소, 바이오 에탄올, 가솔린 등 두 종류 이상의 연료를 **마음대로** 사용할 수 있는 엔진이야. 모두 배기가스가 발생하지 않는 연료인 데다가 여러 종류를 다양하게 사용할 수 있어서 새로운 친환경 자동차의 엔진으로 주목받고 있지."

궁금이의 설명에 찬율이는 입이 **쩍** 벌어졌어요. 궁금이의 설명을 들으니 정말 새로운 자동차의 세계가 펼쳐지는 것 같았어요.

"모터쇼에는 매년 새로운 기술로 만들어진 차들이 쏟아져 나오고 있어. 모터쇼에 가면 영화나 만화에서만 보던 하늘을 나는 자동차나 스스로 운전하는 자동차가 더 이상 상상 속 자동차가 아니라는 것을 알게 될 거야. 나도 당장은 사람이 탈 수 없는 콘셉트 카에 불과하지만 머지않아 기술이 더 발전하면 도로 위를 쌩쌩 달리게 될 거란 말이야."

세계의 모터쇼

세계 5대 모터쇼

프랑크푸르트 모터쇼

독일 프랑크푸르트 모터쇼, 북미 국제 오토쇼, 프랑스 파리 오토 살롱, 일본 도쿄 모터쇼, 스위스 제네바 모터쇼를 세계 5대 모터쇼라고 한다.

프랑크푸르트 모터쇼는 세계 최초로 열린 모터쇼로, 첨단 기술이 돋보이는 자동차들을 볼 수 있다. 파리 오토 살롱은 대중적이고 실용적인 자동차를 중심으로 전시하는 것이 특징이다. 그리고 제네바 모터쇼에서는 특정 나라에 치우치지 않고 여러 나라의 다양한 자동차들을 골고루 볼 수 있다. 북미 국제 오토쇼는 매년 1월에 개최하기 때문에 자동차 회사들이 그해의 새 차를 가장 많이 발표한다. 마지막으로 도쿄 모터쇼는 주로 일본 차 중심으로 전시되는데 친환경 자동차와 미래형 자동차를 많이 볼 수 있다.

파리 오토 살롱

도쿄 모터쇼

서울 국제 모터쇼

자동차 생산 세계 5위의 자동차 강국인 우리나라에서도 정기적으로 모터쇼가 열린다. 특히 서울 국제 모터쇼는 우리나라를 대표하는 모터쇼이다. 1995년부터 2년 단위로 홀수 해에 열린다. 서울 국제 모터쇼는 전시회가 열릴 때마다 항상 주제가 정해진다. 2015 서울 모터쇼는 '기술을 만나다, 예술을 느끼다'를 주제로 개최되었다. 전시회에서는 국제 세미나, 친환경 자동차 시승 행사 등의 여러 행사가 열리며, 다양한 자동차는 물론 중소기업 부품 회사들의 부품도 볼 수 있다.

서울 국제 모터쇼

꼭 만들어 줘!

"찬율이 네가 훌륭한 자동차 박사가 되어서 기발하고 훌륭한 자동차를 만들어 줄 거라 믿어."

궁금이는 긴 설명을 마치며 찬율이에게 말했어요.

그러자 찬율이가 **시무룩해졌어요.**

"왜 그래, 찬율아?"

찬율이의 표정이 어두워지자 미니 자동차들이 걱정스레 물었어요.

"내가 근사하고 훌륭한 자동차를 만들 수 있을까?"

찬율이가 풀이 죽은 목소리로 말했어요. 그러자 궁금이가 확신에 찬 목소리로 대답했어요.

"물론이야, 찬율아. 넌 분명히 할 수 있어."

"네가 그걸 어떻게 알아?"

"난 알아. 사실 난 네가 만든 콘셉트 카거든."

"뭐? 내가 너를 만들었다고?"

궁금이의 말에 찬율이가 놀라서 고개를 **번쩍** 들었어요.

궁금이와 다른 미니 자동차들이 찬율이를 보며 모두 고개를 끄덕였어요.

"정말이야. 난 미래에서 왔어. 넌 나중에 아주 훌륭한 자동차 박사가 되어 나를 만들거든."

궁금이가 웃으며 말했어요.

"**당연하지.** 우리가 이렇게 열심히 가르쳤는데 훌륭한 자동차 박사가 되고도 남아야지."

쌩쌩이도 고개를 끄덕이며 맞장구를 쳤어요.

미니 자동차들의 말을 들으니 궁금이 말이 **거짓말**이 아니라 진짜 같았어요.

"하지만 난 아직 달리지 못하는 콘셉트 카야. 그러니까 네가 커서 나를 꼭 달릴 수 있게 해 줘. 사실 우리는 너한테 그 부탁을 하러 온 거야. 꼭 그렇게 해 줄 거지?"

궁금이가 찬율이에게 부탁했어요. 다른 미니 자동차들도 찬율이를 간절한 표정으로 쳐다보았어요. 미니 자동차들을 보니 찬율이는 다시 자신감이 생기는 것 같았어요.

"응. 꼭 그렇게 하고 싶어. 내가 꼭 달릴 수 있는 멋진 차로 만들어 줄게."

찬율이가 힘주어 대답했어요.

"그럼, **당연히 그래야지!!** 이제야 우리 자동차 박사 찬율이 같네."

미니 자동차들은 환하게 웃으며 신나게 경적을 울렸어요. 찬율이는 정말로 멋진 자동차 박사가 되겠다고 다짐했어요.

꼭 훌륭한 자동차 박사가 되어야 해!

3학년 1학기 사회 2. 이동과 의사소통

 자동차 경주는 어떻게 시작되었을까?

자동차 시대 초기에 자동차는 교통수단으로 제대로 인정받지 못했다. 오히려 말보다 느리고 불편한 괴물이라고 생각할 정도였다. 그래서 자동차 기술자들은 어떻게 하면 자신이 만든 차가 말보다 빠르고 안정적이라는 사실을 보여 줄 수 있을까 고민한 결과 속도를 겨루는 자동차 경주를 통해서 직접 성능을 증명하려고 했다. 최초의 공식적인 자동차 경주는 1894년 프랑스 일간지 '르 프

티 주르날'이 주최한 파리~루앙 간 126km 경주였다. 하지만 오늘날과 같은 경주의 원형이라 할 수 있는 것은 1906년 프랑스에서 열린 그랑프리 경주로, 폐쇄된 서킷에서 제정된 규정에 맞게 행해졌다. 이후 자동차 산업이 급격히 발달하면서 본격적인 자동차 경주의 역사가 시작되었다. 우리나라 최초의 자동차 경주는 1987년 진부령에서 용평까지 이루어진 경주이다.

 하늘을 나는 자동차는 정말 있을까?

 영화 〈백 투 더 퓨처〉에는 하늘을 나는 자동차가 나온다. 하늘을 나는 자동차는 영화가 만들어질 무렵에는 영화 속에나 나오는 상상의 차일 뿐이었지만 2007년에 실제로 만들어졌다. 하늘을 나는 자동차의 이름은 '트랜지션'이다. 트랜지션은 얼핏 보면 경비행기처럼 생겼는데, 날개를 접었다 폈다 할 수 있다. 날개를 펴면 하늘을 나는 비행기로, 날개를 접으면 도로 위를 달리는 자동차로도 사용할 수 있는 변신 자동차인 것이다. 트랜지션은 도로에서는 시속 100km, 하늘에서는 시속 185km 정도의 속도를 낼 수 있다.

| 포뮬러 원(F1) 선수가 되려면 어떻게 해야 할까?

 | 포뮬러 원 선수가 되기 위해서는 국제 자동차 연맹에서 발급하는 슈퍼 면허증을 발급받아야 한다. 슈퍼 면허증을 받는 과정은 굉장히 까다롭다. 경주용 차 선수가 된 다음에도 하위 자동차 경주에서 좋은 성적을 거두어야 한다. 포뮬러 원의 대표적인 선수로는 독일 출신의 미하엘 슈마허를 꼽을 수 있다. 미하엘 슈마허는 지금까지 자동차 경주에 있어서 최다 우승 기록을 가지고 있다. 사람들은 그를 'F1 황제'라고 부른다.

 | 레이싱 슈트는 어떤 역할을 할까?

 | 레이싱 슈트는 자동차나 오토바이 경주에서 운전자가 입는 옷으로, 점퍼와 팬츠가 한 벌로 이어져 있다. 원래는 상의와 하의가 분리되어 있었는데, 사고가 났을 때 운전자를 구조하는 데 더 용이하도록 이어진 형태로 바뀌게 되었다. 사고가 나서 운전자가 차에서 스스로 탈출할 수 없을 때 구조 요원이 운전자의 옷을 잡아당겨도 벗겨지지 않아서 쉽게 운전자를 구조할 수 있기 때문이다. 또한 레이싱 슈트는 사고가 나서 차량에 불이 났을 때 운전자의 몸을 보호해 주기도 한다.

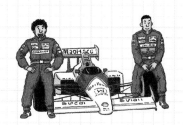

핵심 용어

가솔린

석유의 휘발 성분을 이루는 무색의 투명한 액체. 자동차, 비행기의 연료나 고무 가공 등에 씀.

고속 도로

차의 빠른 통행을 위하여 만든 차 전용 도로.

공기 저항

공기 속을 운동하는 물체가 공기로부터 받는 저항.

내비게이션

지도를 보이거나 지름길을 찾아 주어 자동차 운전을 도와주는 장치나 프로그램.

내연 기관

실린더 속에 연료를 집어넣고 연소시켜서 생긴 가스의 팽창력으로 피스톤을 움직이게 하는 원동기를 통틀어 이르는 말.

모터쇼

자동차, 자동차 엔진, 자동차 부품 등의 전시회.

배기가스

내연 기관 등에서, 불필요하게 되어 배출하는 가스. 다량의 수증기, 연소 생성물, 연소되지 않은 연료, 그을음, 먼지 등으로 이루어졌으며 일산화탄소 같은 유해 성분을 함유함. 자동차의 배기가스는 공기 오염의 원인이 되기 때문에 성분을 규제함.

배기량

엔진·펌프·압축기 등에서, 실린더 안의 피스톤이 최하의 위치에서 최상의 위치까지 한 번의 운동으로 밀어 내는 기체의 부피.

속력

속도의 크기. 또는 속도를 이루는 힘.

스포츠카

스피드를 높이는 데에 중점을 두어 만든 오락용·경주용 자동차.

에어백

자동차가 충돌할 때에, 순간적으로 탑승자 주위에서 공기 주머니가 부풀어 나와 충격을 완화하는 보호 장치.

엔진

열에너지, 전기 에너지, 수력 에너지 등을 기계적인 힘으로 바꾸는 장치. 주로 열에너지를 이용하는 열기관을 이름.

연료

연소하여 열, 빛, 동력의 에너지를 얻을 수 있는 물질을 통틀어 이르는 말. 상태에 따라 석탄·코르크·연탄·장작·숯 등의 고체 연료, 휘발유·경유·타르·알코올 등의 액체 연료, 도시가스·석탄 가스·천연가스·수소 등의 기체 연료가 있음.

와이퍼
자동차의 앞 유리에 들이치는 빗방울 등을 좌우로
움직이면서 닦아 내는 장치.

이산화탄소
탄소가 완전 연소를 할 때 생기는 무색 기체. 공기
보다 1.5배 무거우며, 식물의 탄소 동화 작용을 도
움. 청량음료, 소화제 등을 만드는 데 씀.

전조등
기차나 자동차의 앞에 단 등.

증기 기관
보일러에서 보낸 증기의 부피가 커지고 작아지는 것
을 이용하여 피스톤을 왕복 운동시킴으로써 동력을
얻는 기관.

증기 자동차
증기 기관의 힘으로 달리는 자동차.

천연가스
유전 지역이나 탄광 지역 등에서 천연으로 나오는,
불에 잘 탈 수 있거나 타기 쉬운 성질의 가스.

촉매 변환기
자동차에 장착되어 배출되는 배기가스 중에 인체에
유해한 배기가스, 즉 탄화수소, 일산화탄소 및 질소
산화물이 무해한 성분으로 변환되도록 촉매 작용을
하는 장치.

친환경
자연환경을 오염하지 않고 자연 그대로의 환경과
잘 어울리는 일.

콘셉트 카
자동차에 관한 소비자들의 성향이 앞으로 어떻게
바뀔 것인가를 내다보고 그에 맞게 자동차를 개발
해 모터쇼에 출품하는 미래형 자동차. 넓게는 아직
시판되지 않고 현재 개발이 진행 중인 상태에서 모
터쇼에 출품된 자동차까지 포함됨.

타이어
자동차, 자전거 등의 바퀴 굴통에 끼우는 테. 주로
고무로 만들며 안쪽에 압축 공기를 채워 길바닥에
서 받는 충격을 흡수함.

포뮬러 원
FIA(국제 자동차 연맹)이 규정하는 세계 최고의 자
동차 경주 대회. 공식 명칭은 'FIA 포뮬러 원 월드
챔피언십(FIA Formula One World Championship)'
이고, 줄여서 F1(에프 원)이라고 함.

환경 오염
자원 개발로 인한 자연의 파괴와 각종 교통 기관이
나 공장에서 배출하는 가스나 폐수 또는 농약 등으
로 동식물이나 인간의 생활 환경이 더럽혀지는 일.

일러두기

1. 띄어쓰기는 국립국어원에서 펴낸 「표준국어대사전」을 기준으로 삼았습니다.
2. 외국 인명, 지명은 국립국어원의 「외래어 표기 용례집」을 따랐습니다.